Imperiul Gladiatorilor

COPYRIGHT

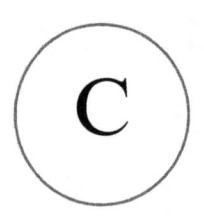

Ⓒ

Bucur Loredan 18-11-2024

Birmingham U.K.

Prolog:

În zorii unei ere marcate de tiranie și suferință,Roma era centrul unui imperiu vast,dar fragil.Puterea se concentra în mâinile câtorva elite,în timp ce milioane de suflete mărșăluiau în lanțuri,subjugați de un sistem care glorifica cruzimea.Colosseumul,simbolul grandorii romane,devenise altarul unde libertatea era sacrificată în numele spectacolului.Dar chiar în inima acestui imperiu corupt,s-a aprins o scânteie de revoltă.A început cu șase gladiatori,forțați să lupte pentru distracția mulțimilor,fiecare cu o poveste sculptată în durere și pierdere. Valeria,războinica neînfricată din Galia,și Varus,liderul născut din praf și sânge,au fost sufletul acestui grup.Alături de ei,Syrus,strategul,Leontius,forța brută,Nisria,femeia de piatră din Egipt,și Claudia,războinica daco-romană,au jurat să sfideze soarta care îi condamnase.În culisele măreției romane,femei precum Aurelia Claudia,Livia Pompeia și Cornelia Octavia, soții ale senatorilor,au văzut adevărul despre imperiul pe care îl susțineau și au ales să se alăture luptei din umbră.Prin viclenie și sacrificiu,ele au contribuit la aprinderea unei revolte care avea să zguduie temeliile Romei.Colosseumul,altădată un loc al pierderii,a devenit scena unde s-a născut libertatea.Evadarea gladiatorilor a fost semnalul care a răsunat în întreagul Imperiul Roman,chemând sclavii,țăranii și chiar soldații la o cauză comună.Roma,centrul lumii cunoscute,urma să devină simbolul unei noi ordini,una bazată pe dreptate, egalitate și libertate.Dar pentru a construi această lume nouă,cei șase gladiatori trebuiau să înfrunte nu doar legiunile romane,ci și demonii propriului trecut.Trădările,sacrificiile și alegerile dificile aveau să-i modeleze,transformându-i din sclavi în legende.Prologul poveștii lor este unul de curaj,sacrificiu și speranță.Sub cerul sângeriu al Romei, acești eroi au îndrăznit să înfrunte cel mai mare imperiu al lumii.Și deși începutul a fost scris în sânge,finalul avea să fie gravat în glorie.Astfel începe povestea lor,a celor care au transformat durerea în putere și sclavia în libertate.O poveste despre răzvrătire,iubire și o luptă neîncetată pentru o lume mai bună.

Imperiul Gladiatorilor

Cuprins:

Capitolul 1.O zi din viața Senatorilor

Capitolul 2.Legiunea a-XIII-a Gemina

Capitolul 3.Legații și sclavele personale

Capitolul 4.Închisorile Imperiului Roman

Capitolul 5.Gladiatorii

Capitolul 6.Femeile Gladiator

Capitolul 7.Familiile Legaților din Legiunea X Germia

Capitolul 8.Întâlnirea Senatorului Gaius Valerius Maximus cu Varus și Valeria

Capitolul 9.Întoarcerea Legiuni a-X-aGemina la Roma

Capitolul 10.Gladiatorul Leontinus și Cornelia Octavia

Capitolul 11.Evadarea

Capitolul 12.Atacul și cucerirea Romei

Capitolul 13.Varus se proclamă împărat

Capitolul 14.Imperiul Roman sub conducerea Gladiatorului Varus

Capitolul 1.O zi din viața Senatorilor

Imperiul Roman,în perioada sa de maximă înflorire,a reprezentat una dintre cele mai avansate și influente civilizații din istorie.Extinzându-se pe trei continente,cuprindea teritorii vaste din Europa,Africa și Asia,iar puterea sa militară,guvernarea sofisticată și cultura diversă au făcut din Roma un centru al lumii antice.Din inima acestui imperiu,Roma,dominația romană și-a exercitat influența asupra viețililor a milioane de oameni,de la senatori de rang înalt până la sclavi și prizonieri aduși din teritoriile cucerite.Roma,capitala Imperiului,era un oraș magnific și vibrant.Cu un sistem de drumuri pavate,apeducte sofisticate,temple impunătoare și forumuri grandioase,era simbolul puterii și bogăției imperiale.Populația Romei era extrem de diversă,incluzând romani nativi,dar și persoane din toate colțurile imperiului.În centrul orașului se afla Forumul Roman,locul unde se desfășurau dezbateri politice,ceremonii publice și festivaluri religioase.Pe colina Palatină se aflau reședințele familiilor nobile și ale împăratului,iar Colosseumul,construit pentru divertismentul maselor,era un loc de spectacol și violență.De la Columna lui Traian,care comemora victoriile împăratului,la Templul lui Jupiter Optimus Maximus,Roma era un oraș al puterii și al tradiției,iar cetățenii romani se mândreau cu rolul lor în mărețul Imperiu.Senatul Roman era principalul organ politic al Romei și unul dintre pilonii puterii sale.Format din membrii aristocrației,Senatul avea rolul de a dezbate și aproba legile,de a sfătui împăratul și de a supraveghea finanțele statului.Deși împăratul avea cea mai mare putere,Senatul menținea un rol important în guvernare,iar influența senatorilor se extindea asupra majorității deciziilor politice și militare.Senatorii, provenind din familii nobile și bogate,dețineau averi vaste și terenuri întinse și adesea dețineau sclavi care le lucrau moșiile.

1.O zi din viața Senatorului Gaius Valerius Maximus

Soție: Aurelia Claudia
Copii: Lucius Valerius (fiul), Tullia Valeria (fiica)
Avere:două mii de sesterți în proprietăți și moșii la marginea Romei
Locuință: Vila Valeria de pe colina Aventin

Într-o dimineață călduroasă și luminoasă pe colina Aventin,soarele răsărea peste Roma,colorând în nuanțe de aur și roz zidurile casei senatoriale a lui Gaius Valerius Maximus, cunoscută drept Vila Valeria.Era o vilă impunătoare,cu pereți decorați în stilul opulent specific elitei romane și grădini care se întindeau ca un covor verde,umbrite de chiparoși și fântâni răcoritoare.Aici locuia Gaius Valerius împreună cu soția sa,Aurelia Claudia,și cei doi copii,Lucius și Tullia.Gaius Valerius era cunoscut nu doar pentru averea sa de peste două mii de sesterți,ci și pentru devotamentul său față de Republică și rolul activ pe care îl juca în Senat.Fiecare zi din viața sa începea cu o rutină bine stabilită și respectată,un simbol al disciplinei și al ordinii care definea stilul său de viață.În acea dimineață,sclavul său de încredere,Cassius,l-a trezit pe senator înainte de ivirea zorilor.După un scurt moment de reflecție,Gaius Valerius s-a ridicat din patul său acoperit cu țesături fine aduse din Egipt.Cassius i-a adus imediat o tunică albă proaspăt spălată și un pumnal ceremonial pe care senatorul îl purta la toate întâlnirile oficiale.După ce s-a îmbrăcat,Gaius Valerius a ieșit în atriumul casei,unde se întâlnea zilnic cu câțiva dintre clienții săi,oameni de rând care depindeau de influența și protecția sa.Era o parte importantă din rutina oricărui senator,iar acești clienți veneau să îi ceară sfaturi sau ajutor în probleme legale și financiare,în schimbul loialității și respectului lor.Unul dintre clienți,un fermier de pe proprietățile lui Gaius din sudul Romei,

i-a cerut ajutor pentru a rezolva o dispută legată de o fâșie de pământ pe care un alt nobil încerca să o revendice.Gaius Valerius l-a ascultat cu răbdare,și cu o privire calmă și autoritară,i-a promis că va lua măsuri pentru a-i proteja interesele.După întâlnirea cu clienții,Gaius s-a retras în triclinium,unde l-a așteptat o masă frugală,o masă tipică romană,cu pâine,măsline și brânză proaspătă.Aurelia,soția sa,i s-a alăturat pentru un scurt moment.Era o femeie de o frumusețe clasică,cu trăsături nobile și o eleganță naturală.Aurelia Claudia nu era doar o soție devotată,ci și o femeie inteligentă și calculată,care îl susținea pe Gaius în deciziile importante și îl sfătuia discret în privința alianțelor politice.În timp ce discutau despre familia lor și despre viitorul copiilor,fiul lor Lucius,un tânăr de cincisprezece ani,a venit să îi salute.Gaius îl privea pe Lucius cu mândrie și speranță,știind că tânărul trebuia să fie educat și pregătit pentru o viitoare carieră în politică.Gaius Valerius se asigura că Lucius învăța de la cei mai buni dascăli și spera că într-o zi fiul său îi va urma pașii în Senat.Tullia Valeria,fiica lor de doisprezece ani,a venit și ea să își ia rămas-bun de la tatăl său înainte de a-și începe lecțiile zilnice de literatură și istorie.Era o tânără vioaie,cu o curiozitate arzătoare pentru lumea din jur,și Gaius îi permitea acces la cărți și învățături pe care puține fete de vârsta ei le aveau.Cu un zâmbet părintesc,i-a încurajat să-și urmeze lecțiile și să își onoreze familia.După ce și-a luat rămas-bun de la familie,Gaius Valerius a plecat către Forumul Roman.Înconjurat de o suită de sclavi și gardieni,senatorul traversa străzile Romei,fiind salutat de cetățenii care îl recunoșteau și îi admirau demnitatea.În acea zi,în Senat se dezbăteau chestiuni importante legate de expansiunea militară și de administrarea provinciilor.Împreună cu ceilalți senatori,Gaius Valerius a discutat aprins despre politica externă și despre cum Imperiul Roman ar trebui să abordeze conflictele tot mai frecvente la granițele sale.Avea o voce respectată,iar opiniile sale erau ascultate cu atenție.În timpul dezbaterii,unul dintre rivalii politici ai lui Gaius,senatorul Quintus Flavius,a propus o măsură care implica creșterea taxelor în provinciile cucerite pentru a finanța campaniile militare.Gaius Valerius s-a opus cu tărie,argumentând că această povară asupra provinciilor ar putea duce la răscoale și la pierderea stabilității.Era cunoscut pentru abilitatea sa de a vorbi calm,dar ferm,iar cei prezenți au fost impresionați de claritatea și înțelepciunea argumentelor sale.După discuțiile din Senat,Gaius Valerius s-a întors la vila sa pentru a se ocupa de administrarea proprietăților.Moșiile sale de la marginea Romei erau o sursă importantă de venit,iar senatorul își asigura mereu că terenurile sunt lucrate eficient și că muncitorii săi erau bine îngrijiți.Se întâlnea periodic cu supraveghetorii moșiilor pentru a discuta despre recolte și a verifica planurile de producție.După-amiaza,Aurelia i s-a alăturat pentru o plimbare prin grădinile vilei,unde discuțiile despre politică și planurile familiei erau înlocuite de momente de liniște și de relaxare.Erau rare aceste momente în care Gaius își permitea să își lase grijile deoparte și să se bucure de compania familiei sale.Seara,Gaius Valerius organiza adesea banchete pentru prietenii săi apropiați și pentru colegii senatori.În acea seară,senatorul a invitat câțiva dintre aliații săi politici la un ospăț,unde mesele erau încărcate cu mâncăruri ales,pește proaspăt,fructe exotice și vinuri fine din sudul Italiei.Banchetele erau ocazii nu doar de relaxare,ci și de a purta discuții filozofice și strategice.Printre musafiri s-au numărat și câțiva filozofi renumiți,iar Gaius a participat cu entuziasm la discuții despre natură,politică și etică.Întotdeauna fascinat de cunoaștere,senatorul considera că discuțiile adânci și reflecțiile asupra sensului vieții îi îmbunătățesc înțelepciunea și îi clarifică principiile.După plecarea oaspeților,Gaius s-a retras în biroul său,unde avea câteva papirusuri și tablete de ceară pe care nota gânduri și planuri pentru viitor.În acea noapte,a reflectat asupra responsabilităților sale față de familie și de stat,conștient că,într-o lume atât de instabilă,loialitatea și înțelepciunea erau cele mai mari comori ale unui senator.Înainte de a se retrage pentru odihnă,Gaius a privit cerul înstelat,meditând la eternitatea Romei.Pentru el,fiecare zi era o oportunitate de a contribui la măreția Imperiului și de a-și onora familia,păstrând moștenirea Romei vie pentru generațiile viitoare.

2.O zi din viața Senatorului Marcus Junius Brutus

Soție: Livia Pompeia
Copii: Publius Junius (fiul),Julia Junia (fiica)
Avere:o mie cinci sute de sesterți și două vile la Roma
Locuință: Reședința Brutus de pe colina Esquilina

Pe colina Esquilina,în Roma antică,între clădirile mărețe și vilele nobililor,se ridica Reședința Brutus,casa senatorului Marcus Junius Brutus,un om respectat pentru inteligența sa ascuțită și pentru înțelepciunea cu care aborda problemele statului.Spre deosebire de alți senatori,Brutus,cunoscut pentru modestia și disciplina sa,avea o avere mai redusă,de o mie cinci sute de sesterți și două vile în oraș.Avea,însă,o minte strălucită și o reputație pentru principiile sale ferme,calități care i-au atras un respect profund în Senat.Soția sa,Livia Pompeia,o femeie rafinată și calculată,împărțea cu el responsabilitățile casei,iar împreună aveau doi copii:Publius Junius,fiul lor adolescent,și Julia Junia,o tânără de unsprezece ani.În acea zi,viața senatorului Marcus Junius Brutus urma să fie încărcată de îndatoriri politice și reflecții personale,între îndatoririle sale față de stat și grijile pentru viitorul familiei.Ziua lui Marcus începea devreme,când zorii abia luminau orizontul.Servitorii casei,care știau că senatorul prefera liniștea dimineților,pregăteau deja apa proaspătă pentru ca acesta să se spele.După ritualul matinal,și-a îmbrăcat toga și s-a îndreptat spre peristilul casei sale,unde îl aștepta micul dejun,o masă frugală,formată din fructe și pâine.După masa de dimineață,Brutus s-a întâlnit cu câțiva dintre clienții săi.

Spre deosebire de alți senatori,care priveau aceste întâlniri ca pe simple obligații,el se bucura de discuțiile cu oamenii de rând.Își lua timp să le asculte problemele,fie ele legate de chestiuni juridice,fie economice,și îi sfătuia cu sinceritate.Unul dintre clienți,un negustor pe nume Flavius,i-a povestit despre dificultățile de a-și extinde afacerea din cauza taxelor tot mai mari impuse de Roma.Marcus l-a ascultat cu atenție și i-a promis că va aduce în discuție problema în Senat,unde presiunea fiscală devenise un subiect aprins.După întâlnirea cu clienții,Brutus a revenit în casa sa,unde soția lui,Livia Pompeia,îi pregătise o scurtă discuție despre proprietățile familiei și bugetul casei.Livia era cunoscută pentru organizarea sa impecabilă și pentru grijile pe care și le făcea în privința finanțelor,mai ales într-o perioadă în care instabilitatea politică aducea nesiguranță economică.Împreună au discutat despre cheltuielile necesare pentru menținerea vilelor și despre economiile pe care Livia reușea să le facă.În timpul discuției,Publius,fiul lor de paisprezece ani,s-a alăturat.Brutus îi acorda o atenție deosebită educației fiului său,îndrumându-l în studiul filozofiei și al retoricii,considerând că un tânăr de viitor trebuie să înțeleagă atât teoria,cât și arta vorbirii în public.După o scurtă conversație,în care Publius i-a relatat cu entuziasm despre studiile sale,Brutus i-a oferit câteva sfaturi despre importanța de a rămâne integru în fața tentațiilor politice și despre cum să își păstreze întotdeauna mintea clară.În acea zi,Brutus a pornit devreme spre Senat,traversând străzile aglomerate ale Romei, care erau deja animate de negustori,sclavi și cetățeni grăbiți.Drumul spre Forum era ocazia perfectă pentru Brutus de a medita la problemele care urmau să fie discutate în Senat și de a-și pune la punct argumentele.Pe ordinea de zi se aflau chestiuni importante pentru stabilitatea Romei,printre care și propunerea de a extinde teritoriile prin campanii militare în nordul Italiei.

Spre deosebire de alți senatori dornici de expansiune,Brutus era un adept al păcii și al stabilității,crezând că eforturile Romei ar trebui să se concentreze pe îmbunătățirea vieții cetățenilor.Se pregătise să se opună acestui proiect,având în minte argumente legate de riscurile economice și de sacrificiile pe care expansiunea le-ar impune cetățenilor romani.Ajuns în Senat,Brutus a fost întâmpinat de colegii săi,printre care și senatorul Flavius Ahenobarbus,un susținător fervent al expansiunii.Începute cu un aer de calm,discuțiile au devenit în curând aprinse,iar argumentele pro și contra erau aruncate în sală,însoțite de murmure de aprobare și de respingere.Când i-a venit rândul să vorbească,Marcus Junius Brutus s-a ridicat și și-a exprimat clar poziția.Și-a explicat îngrijorările legate de economia Romei și de posibilele revolte interne ce ar putea izbucni dacă Romei i s-ar cere să susțină noi campanii militare costisitoare.Discursul său a fost bine primit de unii senatori mai moderați,dar a stârnit nemulțumirea celor care vedeau expansiunea ca un mijloc de afirmare a puterii Romei.După dezbaterile din Senat,Brutus s-a întors în Reședința Brutus,unde a dedicat câteva ore administrării proprietăților sale.Spre deosebire de alți senatori,care își delegau toate responsabilitățile,Brutus era atent la detalii și discuta frecvent cu supraveghetorii săi,verificând recoltele și monitorizând starea viilor și a măslinilor.Era conștient de importanța acestor proprietăți pentru bunăstarea familiei sale și pentru viitorul copiilor.După această muncă,Brutus și-a permis un moment de relaxare în grădinile casei.Împreună cu Livia,a discutat despre evenimentele din Senat și despre posibilele implicații ale deciziilor luate în acea zi.Livia,care era mereu atentă la schimbările politice,i-a împărtășit observațiile sale cu privire la alianțele din Senat și la rivalii politici.Odată ce soarele apusese,Brutus s-a retras alături de familia sa în triclinium pentru cină.Cina a fost o ocazie de a-și reîntâlni copiii și de a discuta despre planurile lor de viitor.Publius era fascinat de dezbaterile tatălui său și îi cerea adesea detalii despre subiectele discutate în Senat.Brutus, încurajându-l să fie curios și să gândească critic,i-a explicat importanța de a pune întrebări și de a căuta adevărul.Julia Junia,fiica lui Brutus,îi povestea cu încântare despre prietenele ei și despre dorința de a învăța mai multe despre artă și poezie.Brutus o asculta cu drag,bucurându-se de inocența și prospețimea fiicei sale,iar Livia o încuraja să-și cultive gusturile artistice și să fie întotdeauna deschisă la cunoaștere.După ce familia s-a retras,Brutus a rămas în biroul său,scăldat în lumina slabă a lămpii.A scos câteva tablete de ceară și și-a notat gândurile despre discuțiile din Senat,încercând să găsească un echilibru între propria-i dorință de stabilitate și visurile de mărire ale Romei.În acea noapte,în liniștea casei sale de pe colina Esquilina,Brutus și-a ridicat privirea spre stele,întrebându-se dacă într-adevăr Roma se îndrepta spre un viitor de glorie și prosperitate.Cu toate acestea,era hotărât să își facă datoria cu onoare,indiferent de deciziile celor din jur.

3.O zi din viața Senatorului Tiberius Claudius Nero

Soție: Cornelia Octavia
Copii: Claudius Nero (fiul),Octavia Claudia (fiica)
Avere:trei mii de sesterți și o moșie mare în apropiere de Neapolis
Locuință: Vila Claudiană pe colina Palatin

Pe colina Palatin,între mărețele reședințe ale patricienilor Romei,se afla Vila Claudiană,locuința senatorului Tiberius Claudius Nero.Senatorul era cunoscut pentru conservatorismul său în politică și pentru loialitatea față de Roma,deși uneori vederile sale tradiționale intrau în conflict cu opiniile mai progresiste ale altor senatori.Avea o avere substanțială,de trei mii de sesterți,și o mare moșie în apropiere de

Neapolis,care îi asigura un venit stabil.Soția sa,Cornelia Octavia,era o femeie deosebit de respectată pentru înțelepciunea și grația ei,iar împreună aveau doi copii:Claudius Nero,un băiat de doisprezece ani,și Octavia Claudia,o fetiță de opt ani.Ziua lui Tiberius începea înainte de răsărit.În lumina difuză a primelor ore,el mergea în atriumul vilei,unde ardea un mic altar închinat spiritelor strămoșilor săi și zeităților protectoare ale Romei.Acolo,în liniște și reculegere,rostea rugăciuni pentru sănătatea familiei și stabilitatea Romei,gândindu-se la sacrificiile făcute de strămoșii săi pentru a ridica imperiul la măreția lui actuală.În acele momente de reflecție,Tiberius găsea puterea de a continua să-și îndeplinească îndatoririle.După ritualul de dimineață,Tiberius revenea în camerele sale,unde sclavii îi pregăteau toga și apa pentru spălare.Vila Claudiană era o construcție vastă,decorată cu mozaicuri și statui delicate,care reflectau nu doar gusturile sofisticate ale lui Tiberius și Cornelia,ci și bogăția pe care o deținea familia.Cornelia Octavia,care se trezea la scurt timp după soțul ei,organiza împreună cu servitorii mesele și primea raporturi despre gospodărie.După micul dejun,Tiberius a avut o scurtă întâlnire cu administratorul moșiei sale de lângă Neapolis,care venise să-i raporteze despre recoltele de măsline și de struguri și despre noile metode de cultivare pe care le aplicaseră sclavii săi.Discuția era deosebit de importantă,pentru că viitoarele câștiguri din vânzarea uleiului de măsline și a vinului constituiau o parte esențială a veniturilor familiei.Tiberius asculta cu atenție și îi ordona administratorului să continue lucrările de îmbunătățire a plantațiilor,deși era conștient că aceste îmbunătățiri necesită investiții semnificative.După această întâlnire,Tiberius și-a petrecut câteva momente alături de fiul său,Claudius Nero,care era pregătit de studiile zilnice cu profesorii săi.Claudius era un băiat inteligent,însă tăcut,iar tatăl său încerca să-l inspire cu povești despre curajul strămoșilor și despre misiunea fiecărui patrician roman de a proteja statul și valorile sale.,,Să nu uiți niciodată,fiule,că un Claudius este înainte de toate loial Romei,"îi spunea el cu mândrie.După aceste scurte sfaturi,lăsându-l pe Claudius la studii,Tiberius s-a îndreptat spre Senat.Când Tiberius a plecat din vila sa de pe Palatin,Roma se trezise deja la viață.Străzile erau animate,pline de vânzători,sclavi și oameni de toate felurile,fiecare ocupat cu treburile zilnice.Tiberius își folosea deseori timpul petrecut pe drum pentru a medita la afacerile Romei.Era o zi importantă,iar pe ordinea de zi a Senatului erau subiecte legate de expansiunea teritoriilor imperiului și de noile politici economice.În timp ce alți senatori pledau pentru extindere,Tiberius era mai prudent,temându-se că prea multe resurse ar fi cheltuite în detrimentul cetățenilor Romei.Ajuns în Senat,Tiberius a ocupat locul său printre ceilalți senatori și a așteptat cu răbdare să-și expună argumentele.În acea zi,unul dintre cei mai influenți senatori,Lucius Fabius,propusese o măsură agresivă de extindere a teritoriilor spre est.

Deși Tiberius recunoștea importanța de a menține puterea Romei,credea că aceasta trebuie temperată de măsuri responsabile.Când i-a venit rândul să vorbească,Tiberius s-a ridicat și și-a exprimat opinia cu hotărâre,atrăgând atenția asupra riscurilor economice și a nevoii de stabilitate în interiorul Romei înainte de a se aventura în noi conflicte externe.Deși discursul său a fost întâmpinat cu reținere de unii senatori,alții i-au recunoscut clarviziunea și i-au apreciat apelul la cumpătare.După dezbaterile din Senat,Tiberius a fost invitat la o cină organizată de prietenul și colegul său,senatorul Quintus Marcius.Aceste cine erau nu doar ocazii de socializare,ci și de stabilire a unor alianțe politice și de schimb de informații.Tiberius a purtat discuții despre politica Romei și despre gestionarea resurselor,iar alături de ceilalți senatori au dezbătut posibilele strategii de viitor.În drumul de întoarcere spre casă,a făcut o scurtă vizită la forum,unde a cumpărat câteva daruri pentru copiii săi. Știa cât de mult se bucurau de lucruri simple și dorea să le ofere mici surprize pentru a întări legătura dintre ei.Când Tiberius s-a întors în Vila Claudiană,a fost întâmpinat cu bucurie de Octavia Claudia,fiica lui de opt ani.Era un moment liniștit,când puteau petrece timp împreună fără presiunea treburilor politice.Octavia,cu zâmbetul ei jucăuș,îi povestea despre lecțiile de muzică pe care le urma,iar Tiberius o asculta cu drag,lăudându-i progresele.Seara s-a încheiat cu o cină în familie.Tiberius,Cornelia,Claudius și Octavia au stat la masa mare din triclinium,unde au discutat despre evenimentele zilei.Cornelia era curioasă despre dezbaterile din Senat și l-a întrebat cu grijă despre evoluția politicilor din Roma.Avea un interes profund pentru ceea ce se întâmpla în Senat și adesea îl sfătuia pe soțul său, îndemnându-l la prudență și la echilibru.După cină,familia s-a retras,dar Tiberius a rămas treaz,gândindu-se la viitorul Romei și la responsabilitățile sale

În acele clipe de liniște,simțea povara pe care o purta în calitate de senator și de tată.Era convins că stabilitatea Romei era mai importantă decât ambițiile personale și că sacrificiile făcute de generațiile anterioare nu puteau fi irosite.Privind stelele prin ferestrele largi ale vilei sale,Tiberius și-a jurat încă o dată că va rămâne un slujitor loial al Romei și că va face tot ce-i stă în putință pentru a lăsa o moștenire solidă copiilor săi și poporului roman.Roma era nu doar inima lumii,ci și inima lui,iar Tiberius Claudius Nero era hotărât să-și dedice viața pentru binele acestui măreț imperiu.

4.O zi din viața Senatorului Decimus Aemilius Lepidus

Soție: Flavia Lucreția
Copii: Lucilla Aemilia (fiica)
Avere:două mii cinci sute de sesterți și proprietăți în Sicilia
Locuință: Domus Lepidus de pe colina Caelius

Într-o dimineață liniștită,pe colina Caelius,se înălța Domus Lepidus,reședința elegantă a senatorului Decimus Aemilius Lepidus.Acesta era un om respectat în Senat,cunoscut pentru echilibrul său în politică și pentru înțelepciunea de care dădea dovadă în gestionarea afacerilor Romei.Viața sa cotidiană,deși marcată de responsabilitățile politice și administrative, reflecta luxul unui patrician roman,dar și datoria față de Roma,față de familia sa și față de moștenirea sa nobilă.Decimus trăia în această vilă de pe colina Caelius împreună cu soția sa, Flavia Lucretia,o femeie elegantă și rafinată,și cu fiica lor,Lucilla Aemilia,o tânără de un spirit viu și curajos.Familia trăia confortabil,având o avere de două mii cinci sute de sesterți,iar proprietățile lor întindeau-se pe terenuri fertile din Sicilia,acoperind o parte importantă a economiei familiei.

Recoltele de măsline și vinurile produse aici le asigurau un venit stabil și o poziție de influență în Roma.Ziua lui Decimus începea devreme.Pe măsură ce soarele răsărea peste Roma,el se trezea din somnul profund al patricianului și își începea rutina de dimineață.După ce își făcea un scurt duș în baia mare a vilei,se îmbrăca în toga sa albă,cu margini roșii,semn al rangului său în Senat,și se pregătea pentru ziua ce urma.În acest timp,Flavia Lucretia deja își desfășura activitățile de dimineață,îngrijindu-se de casă și de fiica lor,care de obicei era deja la studiile de dimineață.După ce își bea cafeaua dintr-un recipient de argint,cu un parfum intens de ierburi aromate,Decimus își dedica câteva momente pentru a reflecta la afacerile curente din Senat și la problemele economice ale Romei.Adesea,el medita asupra deciziilor pe care urma să le ia în Senat,având în vedere atât interesele proprii,cât și responsabilitatea față de statul roman.În jurul orei nouă dimineața,Decimus primea primul raport al zilei de la administratorii moșiilor sale din Sicilia.Aceștia îl informau despre starea recoltei de măsline și despre cantitatea de vin produsă,de asemenea, raportau despre starea sclavilor și despre activitățile comerciale ale familiei.Decimus asculta cu atenție aceste detalii,oferind sfaturi și ordine clare pentru gestionarea eficientă a resurselor.Proprietățile sale din Sicilia erau o sursă de venit semnificativă și,deși nu se afla în fiecare zi acolo,își asigura că afacerea mergea conform planurilor.După această întâlnire administrativă,Decimus se pregătea pentru o întâlnire cu unul dintre partenerii săi de afaceri,un senator influent numit Marcus Antius.Cei doi aveau o relație de lungă durată, iar afacerea lor comună din domeniul comerțului cu vin și ulei de măsline era una de succes.Deși Decimus prefera să evite confruntările directe,el știa că menținerea unei bune relații cu alte figuri politice și economice era esențială pentru succesul propriu și al Romei.La ora zece,Decimus se îndrepta spre Senat,locul unde destinul Romei era modelat zi de zi.Ajuns la Forul Roman,cu toate clădirile impunătoare și mulțimea care circula pe străzile înguste,senatorul se alătura altor membri ai Senatului.În acea zi,agenda Senatului includea discuții despre politica economică și despre cum să se gestioneze mai bine resursele imperiului pentru a sprijini dezvoltarea orașului și a provinciilor sale.Decimus,cu o minte calmă și analitică,intervenea în dezbateri pentru a susține măsuri de moderare,preferând soluțiile echilibrate în fața radicalismului.Apreciat pentru claritatea viziunii sale,senatorul contribuia la formarea unui consens între diferitele facțiuni politice,iar deciziile care ieșeau din Senat,atunci când el se afla prezent,aveau întotdeauna o doză de înțelepciune și judecată.Deși unii îl considerau mai conservator,Decimus știa că Roma avea nevoie de stabilitate pentru a înfrunta provocările viitoare.După încheierea dezbaterilor din Senat,Decimus își petrecea de obicei câteva ore în întâlniri sociale.Aceste întâlniri erau ocazii de a întări alianțele politice și de a discuta despre subiectele care nu se abordaseră în public.

Astfel,alături de alți senatori și influenți membri ai Romei,Decimus își exprima punctele de vedere într-o atmosferă informală.Aceste conversații erau esențiale pentru a înțelege direcțiile politice care se deschideau în fața Romei,iar Decimus era un ascultător atent și un negociator abil.În jurul orei patru după-amiaza,senatorul se întorcea acasă,unde își dedica timp fiicei sale,Lucilla.Ea era o tânără inteligentă și energică,cu o minte ascuțită și o mare curiozitate pentru învățăturile romane.Flavia Lucreția,mama ei,o instrui de obicei în domeniul literaturii și al muzicii,dar și în artele tradiționale care defineau educația unei femei din înalta societate.Împreună,părinții o ghidau pe Lucilla,pregătind-o pentru o viitoare viață de responsabilitate și onoare,având în vedere că,deși femeile nu aveau o carieră politică oficială,rolul lor în susținerea familiei și a statului era esențial.Seara,familia se aduna în jurul mesei,la o cină de obicei copioasă.Flavia Lucretia,înțelegătoare și atentă,își dedica timpul familiei,iar Decimus,deși obosit,se simțea întotdeauna împlinit atunci când era alături de soția și fiica sa.Lucilla îi povestea despre lecțiile ei,despre visurile și speranțele pe care le avea pentru viitor.Aceste momente de liniște în familie erau pentru Decimus o oază de calm,un moment în care putea să se desprindă de complexitatea afacerilor Senatului și de frământările politice ale Romei.După cină,Decimus își rezerva câteva momente pentru a reflecta asupra zilei.Cu gândul la politica Romei,la afacerea sa din Sicilia și la familia sa,senatorul știa că lumea era într-o continuă schimbare.Roma se confrunta cu provocări și cu oportunități, iar el,la rândul său,trebuia să se asigure că va face ceea ce era mai bine pentru viitorul orașului și al celor dragi.În liniștea nopții,sub cerul înstelat,Decimus Aemilius Lepidus se simțea în pace,știind că, indiferent de dificultățile viitoare,Roma va rămâne puternică și că el a contribuit,cu fiecare alegere,la menținerea acestei măreții.

5.O zi din viața Senatorului Quintus Servilius Caepio

Soție: Iulia Claudia
Copii: Servilia Caepio (fiica)
Avere:o mie opt sute de sesterți și terenuri viticole în Toscana
Locuință: Casa Servilia de pe colina Viminal

Quintus Servilius Caepio se trezea în fiecare dimineață devreme,înainte ca primele raze ale soarelui să atingă vârful colinelor Romei.Casa Servilia,aflată pe colina Viminal,era un loc de liniște și pace,construită din marmură albă și piatră,cu o curte interioară decorată cu flori parfumate și statui care reprezentau zei din panteonul roman.Aici,într-o vilă impunătoare, senatorul,împreună cu soția sa Iulia Claudia și fiica lor,Servilia Caepio,își petrecea zilele,nu doar între îndatoririle sale politice,ci și în gestionarea afacerilor sale de familie și a moșiilor din Toscana.Dimineața,în jurul orei șase,ca de obicei,Quintus se ridica din patul său mare și confortabil,situat într-o cameră mare,cu pereți acoperiți de fresce ce reprezentau scene din mitologia romană.Căldura de dimineață,care pătrundea prin feroneria de bronz a ferestrelor,îi aducea o senzație plăcută de liniște.Își îmbrăca toga albă,cu margini roșii,semn al statutului său de senator,și își îndrepta pașii spre baia mare din casa sa.Acesta era un moment de intimitate pentru Quintus,un moment în care își aduna gândurile și se pregătea pentru ziua care urma.După un duș rapid,senatorul lua micul dejun cu familia sa.Iulia Claudia,soția sa,o femeie de o frumusețe clasică și cu o inteligență remarcabilă,era deja la masă, așteptându-l cu un zâmbet calm.De asemenea,fiica lor,Servilia Caepio,o tânără cu o minte ascuțită și o ambiție neobișnuită pentru vârsta ei, era prezentă. Împreună, familia Servilius se bucura de o masă ușoară,cu pâine proaspătă,brânzeturi și vin din recoltele proprii din Toscana,

oferindu-le un început bun de zi.După acest mic dejun,Quintus își dedica primele ore ale zilei afacerilor legate de moșiile sale.În acea dimineață,se pregătea să analizeze rapoartele venite din Toscana privind recoltele de viță-de-vie.Terenurile viticole din sudul regiunii, aflate sub administrarea lui Quintus,erau unele dintre cele mai productive din întreaga zonă.Ca urmare,familia Servilius avea o sursă de venit constantă din comerțul cu vin și ulei de măsline,care le asigura o stabilitate economică solidă.În fața unei mese de lucru acoperite cu hărți și rapoarte,Quintus își petrecea câteva ore analizând rezultatele celor de la moșiile sale.Din păcate,recolta anului nu fusese una excelentă din cauza unei secete care a lovit regiunile de sud.Quintus înțelegea că aceste fluctuații erau inevitabile,dar își exprima îngrijorarea față de posibilitatea unei scăderi a veniturilor în anul următor.La ora zece dimineața,Quintus pleca spre Senat,fiind așteptat într-o zi de dezbateri și voturi importante.Deși influent și cu multă experiență în politică,senatorul era cunoscut pentru abordările sale măsurate și echilibrate.Ajuns la Forul Roman,în mijlocul agitației de pe străzile Romei,el își făcea loc printre mulțimea de cetățeni care se adunau pentru a urmări activitatea politică din interiorul Senatului.Întâlnirile de la Senat începeau de obicei cu o scurtă revizuire a problemelor economice ale Imperiului.Măsurile economice,inclusiv reglementările pentru comerțul cu vin și ulei de măsline,erau subiecte frecvente în dezbaterile din acea perioadă.Deși Quintus era mai mult un om de stat decât un orator de carieră,el intervenea adesea pentru a sublinia importanța economiei agricole în menținerea puterii Romei.Sprijinea cu fermitate protecția agriculturii romane și susținea reglementările care asigurau un comerț corect și stabil.În această zi,subiectul principal era reglementarea distribuției resurselor din provinciile de la sud de Roma și menținerea unei stabilități economice în fața unei creșteri a inflației.Quintus,recunoscut pentru abilitatea sa de a construi alianțe politice,negocia cu alți senatori pentru a obține o soluție favorabilă atât pentru interesele economice ale Romei,cât și pentru afacerea sa din Toscana.După câteva ore de discuții și voturi,senatorul pleca de la Senat cu o oarecare satisfacție. Se aproba o lege care reglementa prețurile și taxele pentru vinuri,ceea ce lăsa pe Quintus să creadă că această măsură va aduce stabilitate pieței viticole,inclusiv pentru moșiile sale.După sesiunea din Senat,Quintus se întorcea acasă pentru a-și petrece câteva ore cu familia sa.În această perioadă a zilei,familia Servilius se aduna pentru a discuta diverse subiecte.Iulia Claudia îi relata despre activitățile zilnice,iar Servilia Caepio,tânăra fiică a lui Quintus,adesea împărtășea cu părinții săi impresiile sale despre lecțiile învățate de la profesori sau despre evenimentele recente din Roma.Fiica lui Quintus era educată într-un stil similar cu cel al altor fiice din familiile de elită ale Romei,dar,având un caracter puternic,își exprima mereu dorința de a fi implicată în activitățile politice ale tatălui său.

Quintus o încuraja să își dezvolte în continuare educația și îi adresa cuvinte de încurajare pentru a-și urma visurile.Iulia,la rândul ei,era extrem de implicată în educația fiicei sale și în întreținerea gospodăriei, dar și în afacerea de vinificație,lucrând în colaborare cu Quintus pentru a asigura succesul acestei industrii familiale.În jurul orei patru după-amiaza,Quintus avea o întâlnire cu unul dintre partenerii săi de afaceri,un mare comerciant de vinuri din Roma,care l-a ajutat să își distribuie produsele în întreg Imperiul Roman.Cei doi discutau despre extinderea afacerii în provinciile din vest,iar Quintus analiza diverse opțiuni pentru a-și crește veniturile, având în vedere concurența tot mai mare din piața vinurilor.Seara,familia se aduna la masă,unde,în timp ce savurau un vin bun din propriile plantații din Toscana,Quintus își împărtășea reflecțiile despre ziua petrecută.În aceste momente,adesea se relaxa,lăsându-se cuprins de confortul propriei familii și al reședinței de pe colina Viminal.Flavia și Servilia discutau despre planurile pentru viitor,în timp ce Quintus se gândea la responsabilitățile sale politice și economice.În fiecare seară,înainte de culcare,senatorul își aloca o perioadă de liniște,pentru a-și ordona gândurile și a lua deciziile corecte pentru viitorul familiei și al Romei.Cu un sentiment de împlinire și cu speranța că,în ciuda provocărilor,va contribui în continuare la prosperitatea orașului și a celor dragi,Quintus Servilius Caepio se retrăgea pentru o noapte de odihnă,pregătindu-se pentru o nouă zi de muncă,decizii și răspunderi.

6.O zi din viața Senatorului Lucius Cornelius Scipio

Soție: Marcia Tullia
Copii: Cornelia Scipio (fiica), Scipio Minor (fiul)
Avere:două mii șapte sute de sesterți și o moșie în Campania
Locuință: Domus Scipio de pe colina Aventin

Lucius Cornelius Scipio, un bărbat de stat renumit în Roma antică,se trezea cu oarece răsuflare adâncă în fiecare dimineață.Viața sa de senator era un amalgam de îndatoriri politice,economice și familiale, toate acestea fiind gestionate cu o disciplină severă și o înțelegere profundă a politicii romane.Locuia în Domus Scipio,o casă mare și impunătoare situată pe colina Aventin,unde locuințele celor mai înstăriți romani rivalizau în eleganță și rafinament. Cu o avere considerabilă de două mii șapte sute de sesterți, dintre care o parte provenea dintr-o vastă moșie în Campania,familia Scipio era una respectată în cercurile politice și economice ale Romei.Dimineața lui Lucius începea aproape întotdeauna la răsăritul soarelui.Fiecare zi îl găsea în camera sa privată,un loc sobru dar elegant,cu feronerie de bronz lustruită și pereți acoperiți de tapiserii care ilustrau momente importante din istoria Romei,cum ar fi bătăliile din războaiele punice sau cuceririle imperiale.Camera era amplasată pe o latură a casei care priveau către orașul Romei,iar prin feroneriile grele ale ferestrei pătrundea o lumină caldă și difuză,ce ilumina pereții.

Se ridica din patul său mare,îmbrăcat cu o tunică simplă,dar elegantă,și se pregătea pentru o nouă zi de muncă.Lucius Cornelius Scipio nu credea în procrastinare,astfel că primele ore ale zilei erau dedicate unui ritual personal.După un scurt duș și o toaletă rapidă, senatorul se îndrepta spre sala de mese,unde soția sa,Marcia Tullia,îl aștepta deja.Marcia era o femeie de o frumusețe severă,dar extrem de respectată pentru inteligența și discernământul său.Era o mamă grijulie și o soție devotată,care,în mod frecvent,se implică activ în deciziile familiei și în gestionarea afacerilor.La masă,alături de cei doi copii ai lor,Cornelia Scipio (fiica) și Scipio Minor (fiul),senatorul își lua micul dejun.Masa era adesea simplă,dar întotdeauna cu produse de calitate superioară,inclusiv pâine proaspătă,brânzeturi,ulei de măsline și un vin rar din Campania,ce era savurat cu măsură.În timp ce își începea ziua,Lucius își discuta planurile politice și economice cu Marcia.De obicei,soția lui îi adresa întrebări despre diferite aspecte ale administrării moșiilor lor din Campania sau despre afaceri cu parteneri din diverse provincii ale Imperiului.Cei doi copii erau învățați despre importanța educației politice și strategice încă de la o vârstă fragedă. Cornelia, fiica lor,urma o educație solidă în literatură,filosofie și istorie,în timp ce Scipio Minor,mai tânărul,învăța despre arte marțiale și strategii militare.După un mic dejun rapid,senatorul Lucius se îndrepta spre Senat, având programată o serie de dezbateri și ședințe importante.Împreună cu alți senatori influenți,Lucius discuta legislația privind distribuirea resurselor și consolidarea puterii militare ale Romei.La acea vreme,Roma era într-un punct de cotitură,iar senatorul Scipio știa că, pentru a asigura prosperitatea Imperiului,trebuiau implementate noi reforme care să sprijine comerțul și dezvoltarea infrastructurii.Deși Scipio era mai mult un om al acțiunii decât al cuvântului,vocea sa era respectată în cadrul Senatului.

Împreună cu aliații săi,el discuta despre dezvoltarea și consolidarea moșiilor romane,inclusiv a terenurilor viticole din Campania,ce aduceau o sursă considerabilă de venituri.De asemenea,Lucius nu ezita să intervină în dezbateri pentru a sublinia importanța păstrării unui echilibru între prosperitatea internă și expansiunea teritorială,având în vedere faptul că Roma era un Imperiu vast și dinamic.La prânz,lucrarea în Senat devenea mai agitată.Se discutau noi legi referitoare la justiția romană și la administrarea provinciilor din vestul Imperiului.Lucius,împreună cu alți membri ai Senatului,se asigura că acele legi nu doar că protejau interesele cetățenilor romani,dar și stabilitatea economică și politică a imperiului.Acesta își exprima opiniile cu răceală și raționalitate,fără să-și lase emoțiile să interfereze în procesul de luare a deciziilor.După o dimineață dedicată muncii politice,Lucius se întorcea acasă pentru a-și continua activitățile economice.Afacerea familiei Scipio în Campania era prosperă datorită producției de vinuri de înaltă calitate,iar Lucius era direct implicat în managementul moșiilor sale.După-amiezile erau adesea dedicate întâlnirilor cu reprezentanți ai diverselor provincii care se ocupau de distribuirea produselor din Campania în Imperiu.De asemenea, senatorul Scipio era adesea însoțit de membri ai familiei sau prieteni apropiați în timpul acestor întâlniri, având în vedere că mult din succesul său depindea de relațiile sale de afaceri și de influența în rândul clasei de elită din Roma.Una dintre principalele preocupări ale senatorului Lucius,în acele zile,era organizarea unui transport de vinuri din Campania către porturile din sudul Italiei,pentru a fi distribuite în întreaga Mediterană.Aceste tranzacții comerciale erau esențiale nu doar pentru familia Scipio,ci și pentru stabilitatea economică a Romei,deoarece produsele din

Campania erau foarte apreciate.La ora patru după amiază,Lucius se întâlnea adesea cu membrii altor familii patriciene,fie în cluburi private,fie în forumuri publice,unde discuțiile politice și economice erau amestecate cu schimburi sociale.Aceste întâlniri aveau un rol crucial în consolidarea alianțelor politice și în promovarea intereselor proprii, într-o eră în care manipularea și puterea socială erau la fel de importante ca și abilitatea militară.După o zi plină de activități politice și economice,Lucius se întorcea acasă,unde familia îl aștepta.În mod obicei, Marcia Tullia era deja acasă, iar fiica lor,Cornelia,împărtășea cu entuziasm realizările ei academice din ziua respectivă.Scipio Minor,fiul, începuse deja să învețe despre strategii militare și despre înfruntările romane din trecut,în timp ce Lucius îl încuraja să devină un bărbat demn de familia Scipio.Cina era un moment de relaxare,unde se discutau lucruri mai puțin serioase,dar esențiale pentru viața de familie.Lucius își spunea părerea despre ziua petrecută și își împărtășea planurile pentru viitor.Familia Scipio era unită,iar fiecare membru joaca un rol important în menținerea stabilității și prosperității acesteia.Înainte de culcare,Lucius se retrăgea într-o zonă liniștită a casei sale,unde își dedica ultimele momente ale zilei pentru reflecții personale și pentru pregătirea zilei următoare.În acele momente,privind asupra Romei și a moșiilor sale din Campania,Lucius Cornelius Scipio știa că viața sa de senator,afacerist și cap de familie era plină de provocări,dar și de împliniri.Viața sa era o combinație între răspunderea politică și datoria față de familie,iar ceea ce făcea,făcea pentru viitorul Romei și al celor dragi.

7.O zi din viața Senatorului Sextus Pompeius Rufus

Soție: Antonia Minor
Copii: Pompeia Rufus (fiica),Rufus Minor (fiul)

Avere:două mii două sute de sesterți și proprietăți la Roma și în Etruria
Locuință: Vila Pompeia pe colina Capitolin

Sextus Pompeius Rufus,un senator roman respectat,își începea fiecare zi cu aceeași rutină disciplinată care i-a consolidat reputația de om al ordinii și al unei bune administrări a afacerilor.Locuia în Vila Pompeia,o reședință impunătoare situată pe colina Capitolină,una dintre cele mai prestigioase zone ale Romei.Moștenitor al unei familii influente și bogate,cu o avere considerabilă de două mii două sute de sesterți,Sextus își păstrase statutul de lider de elită al Romei,având proprietăți nu doar în capitală,dar și în Etruria,una dintre regiunile viticole și agricole cele mai valoroase din Italia.Dimineața lui Sextus începea devreme,la răsăritul soarelui.Dormea în cubiculum său,o cameră simplă,dar elegantă,decorată cu fresce ce reprezentau scene din viața publică romană,cu momente din triumfurile anterioare ale familiei Pompeius.În jurul patului erau mobilier din lemn de mahon și marmură fin lustruită,iar pe podea se afla un covor de lână.Sextus se trezea cu un sentiment de calm și concentrare, pregătit pentru o nouă zi.Se ridica din pat și își îmbrăca o tunică albă,semn al statutului său de senator.Era un bărbat de stat cu un caracter puternic și o disciplină de fier,iar acele prime momente ale zilei erau sacre pentru el.După o scurtă baie,se îndrepta spre sala de mese,unde soția sa,Antonia Minor,îl aștepta cu micul dejun.Antonia era o femeie de o frumusețe sobră și o educație rafinată, cu rădăcini într-o familie respectabilă.Era o soție devotată,care își încuraja soțul în toate proiectele sale politice și economice,având grijă totodată de educația celor doi copii ai lor.Pompeia Rufus,fiica lor,era deja la vârsta în care începuse să participe activ la discuțiile de familie,absorbind lecții de istorie,literatură și politică.Rufus Minor,fiul mai mic,era încă

în perioada de formare,dar promitea să devină un tânăr politicos și educat,conform normelor stricte ale Romei.La masă,discuțiile erau de obicei despre chestiuni de stat,administrarea averilor și activitățile zilnice.Sextus asculta părerile soției sale,dar deciziile finale erau de obicei ale sale,deși el știa că o consultați pe Antonia pentru a lua cele mai bune hotărâri.Micul dejun era,de obicei,ușor:pâine proaspătă cu miere,brânză de capră și orez fiert, acompaniate de un vin delicat din Etruria.La masa de dimineață,întreaga familie discuta afaceri,dar și viața cotidiană a Romei.Sextus adesea le împărtășea copiilor lecții despre importanța strategiei în politică și despre datoria de a servi Roma.După mic dejun,Sextus se îmbrăca în toga sa de senator,semn distinctiv al statutului său,și se îndrepta spre Senat.Viața sa politică era marcată de momente de reflecție profundă asupra direcției pe care Roma ar trebui să o urmeze.Era un bărbat cu o viziune clară asupra imperiului și,adesea, în Senat,discursurile sale erau puncte de reper ale dezbaterilor importante.În fața unui Senat plin de figuri influente și ambițioase,Sextus Pompeius Rufus își făcea vocea auzită cu tact și precizie,de multe ori reușind să își impună punctele de vedere.Era un expert în legile romane și un adept al conservatorismului,fiind un susținător al ordinii și stabilității interne a Imperiului.La Senat, se discutau chestiuni urgente legate de securitatea imperiului și de administrația provincială.În acea perioadă,Roma se confrunta cu provocări interne,iar Sextus nu ezita să sublinieze necesitatea păstrării legii și ordinii,dar și a îmbunătățirii infrastructurii.În timpul acestor dezbateri, el sprijinea legile care favorizau comerțul și agricultura,având în vedere că moșiile sale din Etruria îi ofereau o perspectivă directă asupra importanței acestora pentru economia Romei.Sextus se asigura și de progresul legilor ce priveau securitatea publică,mai ales în fața potențialelor invazii de pe teritoriile aflate la granițele imperiului.Când discuțiile se intensificau și contradicțiile între senatori deveneau evidente,Sextus reușea să calmeze spiritele prin cuvinte măsurate și argumente raționale.Deși nu era un bărbat impulsiv,avea o autoritate naturală,iar cei din jur știau că el putea să aducă soluții eficiente pentru orice problemă.După o dimineață în Senat,Sextus se întorcea acasă pentru a se ocupa de afacerile private ale familiei.În acea perioadă,moșiile din Etruria deveniseră o sursă consistentă de venituri pentru familia Pompeius.Sextus își petrecea o parte semnificativă din după-amiaza discutând cu administratorii moșiilor sale și având întâlniri cu parteneri de afaceri din diverse colțuri ale Imperiului.Moșiile din Etruria,cu pajiștile sale fertile și terenurile pentru viticultură,erau foarte valoroase.Sextus se asigura că recoltele de vin și ulei de măsline erau de cea mai înaltă calitate și că produsele ajungeau la cei mai buni distribuitori din Roma și din alte provincii.Era un om de afaceri meticulos,iar gestionarea acestora reprezenta una dintre responsabilitățile sale de zi cu zi.În timp ce lucra la administrarea acestor afaceri,el își folosea timpul și pentru a se întâlni cu lideri locali,militari și persoane influente din Roma.

Aceste interacțiuni erau esențiale pentru menținerea unei rețele puternice de susținători și pentru protejarea intereselor sale.Seara,când lucrările de afaceri și politică se încheiau,Sextus se întorcea la familia sa.În Vila Pompeia,soția și copiii îl așteptau cu o atmosferă calmă și confortabilă.Antonia Minor,soția sa,îl întâmpina cu o atitudine caldă și grijulie,gata să-i ofere o seară liniștită.Împreună cu Pompeia și Rufus Minor,familia se aduna pentru o cină simplă,dar plăcută.Spre deosebire de mesele din Senat sau din cercurile politice,cina acasă era un moment al relaxării,fără presiunea discuțiilor politice.Înainte de culcare,Sextus petrecea câteva momente reflectând asupra zilei, adesea într-o cameră privată unde putea să fie singur cu gândurile sale.Roma era un loc al intrigilor și al conflictelor,iar el știa că succesul său depindea de menținerea unui echilibru între interesele politice și cele familiale.Când se întindea în pat,gândurile îl duceau adesea la provocările viitoare,dar și la responsabilitățile pe care le avea ca lider în familie și în cetate.Astfel se încheia o altă zi din viața senatorului Sextus Pompeius Rufus,un om dedicat Romei,familiei sale și prosperității statului roman.

Capitolul 2.Legiunea a-XIII-a Gemina

Legiunile romane reprezentau coloana vertebrală a puterii militare romane.Fiecare legiune era formată din aproximativ cinci mii de soldați,împărțiți în cohorte și centurii,și fiecare soldat era echipat cu armură,scuturi,și gladius,faimosul lor scurt spadă.Legiunile erau cunoscute pentru disciplina lor strictă,instruirea riguroasă și tacticile de luptă sofisticate,care le permiteau să înfrunte inamici de toate felurile,de la triburile germanice la armatele parților.Când nu erau în campanii militare,legionarii erau implicați în construirea de drumuri,poduri și fortificații,contribuind astfel la infrastructura vastă a imperiului.Unele dintre cele mai renumite legiuni includeau Legiunea a X-a Gemina și Legiunea a XIII-a,care au jucat un rol crucial în expansiunea Imperiului.Legiunile romane reprezentau coloana vertebrală a puterii militare romane și au fost,fără îndoială,printre cele mai temute și respectate forțe armate ale lumii antice.Structura,disciplina,echipamentul și strategia lor i-au făcut pe legionari capabili să își extindă și să-și mențină dominația asupra unui teritoriu vast și variat,care se întindea din Britania până în Mesopotamia și din nordul Africii până în Europa centrală și răsăriteană.Fiecare legiune romană era formată,în general,din aproximativ cinci mii de soldați,toți cetățeni romani antrenați pentru a lupta eficient în grupuri mari,structurate.Aceste trupe erau împărțite în unități mai mici,numite cohorte,care la rândul lor erau împărțite în centurii,fiecare dintre acestea fiind condusă de un centurion.Centurionii erau lideri experimentați,recrutați adesea din rândurile veteranilor,și răspundeau de disciplinarea,instruirea și buna coordonare a oamenilor din subordinea lor.

La vârful ierarhiei unei legiuni se afla legatul,un ofițer superior numit de către Senat sau de împăratul roman,responsabil pentru strategia generală și succesul militar al legiunii sale.Disciplina și instruirea erau pilonii principali ai succesului militar roman.Fiecare legionar parcurgea un regim de pregătire intens,care includea exerciții zilnice de marș,tactici de luptă,mânuirea armelor și manevre de grup.Aceste antrenamente constante asigurau faptul că soldații romani erau pregătiți să reacționeze rapid și eficient în orice situație de luptă.De asemenea,disciplina era una extrem de strictă,iar pedepsele pentru nesupunere sau lașitate erau adesea dure,mergând până la execuție.Un concept important era decimația,o pedeapsă extremă în care unul din zece soldați era executat de către camarazii săi pentru greșeli grave ale unității,un exemplu menit să mențină disciplina de fier în rândurile legiunii.Echipamentul unui legionar era standardizat și conceput pentru a oferi atât protecție, cât și mobilitate pe câmpul de luptă.Armura tipică era lorica segmentata,o armură din plăci de metal care acoperea pieptul și umerii,oferindu-i soldatului libertate de mișcare și o bună protecție împotriva armelor tăietoare.Scutul,sau scutum,era mare,dreptunghiular și curbat,oferind o apărare solidă împotriva atacurilor frontale și fiind eficient în tactici de formație,cum ar fi testudo (tehnica „țestoasa"),în care soldații formau un zid defensiv impenetrabil.Gladiusul,sabia scurtă,era arma principală a legionarilor și era ideală pentru lupte corp la corp,putând fi folosită eficient în spații restrânse,unde soldații romani puteau să străpungă liniile inamice cu atacuri rapide și precise.De asemenea,soldații purtau un pilum,o suliță special concepută pentru a se îndoi la impact,împiedicând inamicul să o arunce înapoi.Tacticile de luptă ale romanilor erau la fel de impresionante.Legiunile romane erau cunoscute pentru formările lor rigide și manevrele precise.Una dintre cele mai faimoase tehnici era „testudo",o formație defensivă în care soldații își ridicau scuturile pentru a crea o barieră protectoare în jurul lor

protejându-se astfel împotriva săgeților și proiectilelor.Totodată,legiunile erau extrem de flexibile,adaptându-se rapid la schimbările de pe câmpul de luptă și utilizând o combinație de infanterie și cavalerie pentru a înfrunta inamici foarte diferiți,de la triburile germanice,cunoscute pentru atacurile lor bruște și violente,până la armatele parților,renumite pentru cavaleria grea și arcașii călare.Pe lângă rolul lor de forță militară,legiunile romane au jucat un rol semnificativ în construirea și menținerea infrastructurii imperiale.Atunci când nu erau angajați în campanii militare,legionarii contribuiau la construcția de drumuri,poduri,apeducte și fortificații,multe dintre acestea rămânând operaționale și astăzi.Drumurile romane,construite cu mare precizie și durabilitate,au facilitat transportul rapid al trupelor și aprovizionarea,contribuind astfel la consolidarea puterii Romei asupra vastului său teritoriu.De asemenea,legiunile construiau fortificații permanente și temporare în puncte strategice,asigurându-se că frontierele imperiului erau apărate eficient.Unele dintre legiunile celebre ale Romei au jucat roluri cruciale în expansiunea și apărarea imperiului.De exemplu,Legiunea a X-a Gemina a fost una dintre cele mai renumite legiuni,servind sub comanda lui Iulius Cezar în timpul războaielor sale în Galia.Această legiune s-a remarcat prin curajul și devotamentul său,fiind adesea poziționată în centrul bătăliilor decisive.La fel,Legiunea a XIII-a Gemina a jucat un rol major în campaniile lui Cezar,inclusiv în celebra traversare a Rubiconului,moment simbolic care a marcat începutul războiului civil roman.Legiunile romane nu erau doar o forță armată,ci și un simbol al civilizației romane,reprezentând ordinea,disciplina și ingeniozitatea Romei.De-a lungul istoriei,aceste unități au demonstrat o capacitate extraordinară de a înfrunta și depăși provocările pe care le prezentau diversele populații și culturi cu care au intrat în contact.Fie că se aflau în Britania,respingând triburile barbare,sau în Orientul Apropiat,apărând granițele de incursiunile parților,legiunile romane au arătat o putere și o reziliență remarcabilă, păstrând stabilitatea unui imperiu de dimensiuni fără precedent.Prin structura și eficiența lor,legiunile romane au inspirat multe dintre armatele care au urmat în istorie,fiind considerate un model de organizare militară și disciplină.Strategiile și tactica lor au influențat arta războiului,iar infrastructura pe care au lăsat-o în urma lor a avut un impact durabil asupra civilizației europene.Astfel,legiunile romane reprezintă un capitol fascinant din istoria militară a lumii antice,un simbol al puterii Romei și al moștenirii sale care continuă să inspire chiar și în zilele noastre.Legiunea a X-a Gemina era una dintre cele mai renumite unități ale armatei romane,cu o istorie glorioasă și un renume de neegalat în luptă.Comandată de legatul Marcus Fabius Valens,un bărbat cunoscut atât pentru strategiile sale militare ingenioase,cât și pentru firea sa disciplinată,Legiunea a X-a Gemina se afla într-o tabără stabilită pe malurile râului Rin.Tabăra era amplasată strategic,cu priveliști ample către pădurile dese

care se întindeau de-a lungul granițelor nordice ale Imperiului,ținuturi periculoase populate de triburi germanice războinice.În centrul taberei se afla cortul comandantului,o structură bine protejată,amplasată printre corturile celorlalți Legați și centurioni.Cortul lui Valens era mai spațios și mai bine amenajat decât cele ale simplilor soldați,având o structură solidă din pânză groasă,susținută de stâlpi de lemn și acoperită cu blănuri pentru a păstra căldura în timpul nopților reci.Interiorul cortului era decorat simplu,dar funcțional,cu o masă de lemn masiv,câteva scaune robuste,o ladă pentru provizii și arme,și un pat acoperit cu piei de animal.În colțul cortului,o lampă de bronz strălucea slab,proiectând umbre dansatoare pe pereții din pânză ai cortului.Alături de Valens se aflau doi dintre oamenii săi cei mai apropiați,Lucius Domitius și Gaius Octavius,ambii centurioni respectați,care îl însoțiseră în nenumărate campanii și erau cunoscuți pentru loialitatea și curajul lor.Aceștia nu doar că îi împărtășeau viziunea militară,dar și administrau ordinele legatului,asigurând disciplina în rândurile soldaților.Lucius,cu fața aspră și cicatrici adânci pe brațe,era un veteran care rar se arăta amabil,însă era respectat de toți pentru priceperea sa în luptă.Gaius,mai tânăr și mai jovial,era cunoscut pentru forța și agerimea lui,dar și pentru dorința sa de a dovedi că merită încrederea legatului.Pe lângă camarazii săi de arme,Valens era însoțit de două femei sclave,Helena și Livia,care aveau grijă de cortul său,îi pregăteau mesele și se ocupau de toate nevoile lui,fiind deseori în compania acestuia.Helena,o grecoaică delicată,cu părul de culoarea mierii și ochi de un albastru profund,fusese capturată în urmă cu ani,devenind sclava lui Valens.Era tăcută și rezervată,dar mereu atentă la detalii,cunoscând preferințele comandantului său și respectând rutina acestuia fără să pună întrebări.Livia,originară din Tracia,avea părul negru ca abanosul și un temperament fierbinte;ea nu era la fel de docilă,dar își îndeplinea îndatoririle cu o eficiență remarcabilă.În fața cortului,doi soldați păzeau intrarea:Quintus și Marcellus,aleși datorită vigilenței și curajului lor.Quintus,un bărbat masiv cu o barbă stufoasă,era un veteran al legiunii,iar Marcellus,mai tânăr,dar la fel de devotat,învățase de la camarazii săi să fie mereu alert.Nu departe de cortul lui Valens se afla adăpostul unde era ținut calul său,Fulmen,un armăsar negru,puternic și agil,pe care comandantul îl aprecia nu doar pentru loialitatea și rapiditatea sa,ci și pentru inteligența sa.Fulmen era antrenat să răspundă la comenzi simple,fiind folosit atât în bătălie,cât și în marșurile lungi.În acea seară,Valens se retrăsese în cortul său după o zi obositoare de planificare și inspecție.Helena și Livia îi pregătiseră cina,aranjând masa modestă cu grijă.Pe masă se aflau câteva feluri de mâncare simple,dar hrănitoare:o fiertură de linte cu usturoi și ceapă,servită alături de pâine proaspătă și brânză de oaie.Lângă acestea,Helena a așezat un platou cu măsline negre și câțiva struguri,o mică încântare adusă de un comerciant care trecuse pe la tabără cu câteva zile în urmă.

În centrul mesei era un ulcior de vin amestecat cu apă, băutura preferată a lui Valens după o zi lungă. Valens mânca în liniște, servit cu grijă de Helena și Livia, care aveau grijă să îi reumple paharul de vin și să îi ofere bucățele din fiertura fierbinte. Tăcerea din cort era întreruptă doar de sunetele metalice ale armurilor și armelelor soldaților din tabără și de discuțiile lor, care veneau difuz din corturile din apropiere. Deși era obosit, Valens simțea o pace neobișnuită; compania liniștită a celor două femei și căldura cortului îl făceau să uite pentru câteva clipe de dificultățile campaniei. După cină, Valens le permise Helenei și Liviei să se așeze lângă el și le întrebă despre viața lor de dinainte de sclavie, un subiect rar discutat. Helena îi povesti despre zilele când trăia pe insula sa natală, cu marea mereu aproape și cu vântul sărat care îi răvășea părul în fiecare dimineață. Livia, la rândul ei, îi împărtăși amintiri din tinerețea ei, când învăța să călărească pe dealurile verzi ale Traciei. Amintirile lor îl făceau pe Valens să își amintească de propria sa tinerețe, de zilele petrecute în Roma, înainte de a se alătura legiunii și de a deveni un soldat al imperiului.

Seara se încheie încet,cu Helena și Livia adormind în colțul cortului,învelite în pături,în timp ce Valens se retrase în patul său.În afara cortului,Quintus și Marcellus continuau să păzească intrarea,schimbând șoapte pentru a trece timpul,veghând asupra comandantului lor și asigurându-se că noaptea trece fără incidente.În acea tabără tăcută și ordonată,fiecare legionar știa că viața sa depindea de disciplina și forța colectivă a legiunii.Comandantul,soldații și cei care îi serveau formau un tot unit,o mașinărie complexă a cărei existență avea ca scop protejarea Romei și a idealurilor sale,indiferent de sacrificiile personale pe care le presupunea această viață de războinic.Pe măsură ce noaptea înainta,sunetele taberei se domoleau,iar liniștea pădurii înconjurătoare părea să cuprindă întregul loc.

Capitolul 3.Legații și sclavele personale

În cortul său,Marcus Fabius Valens stătea întins,meditând la zilele următoare și la strategiile ce urmau să fie aplicate.Era conștient că pericolul era aproape,iar zvonurile despre o alianță a triburilor germanice nu făceau decât să amplifice tensiunea printre soldați.Deodată,Valens auzi un zgomot din afara cortului.Quintus și Marcellus,care păzeau intrarea,își schimbau tura,înlocuiți de doi legionari proaspeți care tocmai sosiseră,Lucan și Drusus.Aceștia erau mai tineri,dar la fel de devotați.Lucan,cu o cicatrice fină pe obrazul stâng,era cunoscut pentru inteligența sa și pentru agilitatea de care dădea dovadă în luptă.Drusus,deși tânăr,avea o statură impunătoare și un calm rar întâlnit.Cei doi salutaseră respectuos,iar Valens le întoarse salutul cu un gest scurt,semn că veghea lor era apreciată.În interior,Livia se trezise din somn și,văzând că Valens era tot treaz,se apropie tăcută și îi aduse o cană cu apă.Femeia observase în ultimele zile îngrijorarea crescândă a comandantului,dar nu îndrăznea să-l întrebe despre aceasta.Helena,care dormea liniștită,era mai resemnată în legătură cu viitorul incert care îi aștepta pe toți.În calitate de sclave,ele știau că destinele lor depindeau de cei care le comandau,dar simțeau un respect deosebit pentru Valens,care le trata cu o anumită blândețe,rareori întâlnită la un soldat roman.Valens mulțumi scurt pentru apă și,sorbind încet,se lăsă cufundat într-o tăcere profundă.Gândurile îi zburau la Roma,la orașul etern pe care jurase să îl apere,la prietenii și camarazii pierduți de-a lungul campaniilor,dar și la cei din viața lui pe care nu-i mai văzuse de ani de zile.Știa că,într-un fel sau altul,destinul său era legat de cel al legiunii și că pacea personală era un lux pe care și-l permitea doar în clipele scurte de singurătate.Înainte de răsărit,un sunet familiar începu să răsune în tabără: trompeta de trezire,al cărei ecou se răspândea ca un val de energie printre soldați.Legionarii se ridicară,își strânseră paturile improvizate și își luau rapid armurile și armele.Tabăra prindea viață,iar rutina disciplinată se punea în mișcare fără ezitare.

Helena și Livia se treziseră și ele și începură să pregătească micul dejun pentru Valens:pâine tare,brânză și câteva fructe uscate,împreună cu un mic ulcior de apă.Legionarii se aliniau în fața corturilor, gata să-și primească instrucțiunile zilnice.Valens ieși din cort,însoțit de Lucius și Gaius,pentru a inspecta pregătirile.Privind în jur,simțea mândrie văzând disciplina și pregătirea fiecărui legionar,dar și responsabilitatea grea pe umerii săi,știind că viața fiecăruia depindea de deciziile sale.Mai târziu,la ordinul său,toți centurionii și ofițerii importanți ai legiunii fuseseră chemați la o consfătuire în cortul de comandă.Valens discută în detaliu despre poziția strategică a taberei și despre posibilele mișcări ale triburilor germanice,de care erau deja informați prin intermediul cercetașilor.Exista riscul unui atac nocturn,iar fiecare trebuia să fie pregătit.După întâlnire,în cortul său,Valens se pregătea de o nouă zi de planificare și instruire.Helena și Livia își reluară treburile cotidiene,pregătind echipamentele și armele de rezervă,îngrijind cortul și punând totul în ordine pentru întoarcerea comandantului în acea seară.Lucan și Drusus continuau să stea de pază,discutând încet între ei despre zvonurile din tabără și despre posibilitatea unui conflict iminent.În acea seară,înainte de a se retrage,Valens se plimbă prin tabără,trecând pe lângă rândurile de corturi și observând soldații care stăteau la foc, povestind și glumind pentru a-și înlătura teama.Erau toți tineri,majoritatea fără familie,dar mândri că serveau Roma.Valens se opri lângă unul dintre focuri,schimbând câteva vorbe cu legionarii,arătându-le că le înțelege frica,dar și speranța.În acea noapte,Valens se retrase în cortul său,unde Helena și Livia îl așteptau,gata să îl ajute cu armura și să pregătească un ceai cald.A fost o seară liniștită,dar Valens știa că liniștea era doar temporară.Pădurile de la marginea taberei păreau tot mai amenințătoare,iar gândul la apropierea unui atac îl ținea treaz.

Zilele care urmau aveau să fie un test al loialității,disciplinei și pregătirii Legiunii a X-a Gemina,iar Valens era pregătit să înfrunte orice pericol alături de oamenii săi.Lângă el, Helena și Livia continuau să îl servească în tăcere,loiale în felul lor,fără să știe că viitorul lor era legat de cel al legiunii,de deciziile și de curajul comandantului.În dimineața plecării,Marcus Fabius Valens se trezi devreme,iar în cortul său domnea o liniște solemnă.După câteva momente de pregătire,își puse armura și strânse ultimele provizii pentru incursiunea de două săptămâni.Lucius și Gaius,centurionii săi de încredere,alături de o parte din legiune,aveau să îl urmeze în această expediție periculoasă de cincizeci de kilometri, menită să cucerească un oraș important și câteva sate din apropiere,ocupate de triburi ostile.Lăsându-și cortul în grija Helenei și Liviei,Valens le făcu un semn de rămas-bun și plecă în zori,cu soldații aliniați în spatele său.Pe măsură ce tabăra se liniștea în lipsa Legatului și a celor mai mulți soldați,Helena și Livia se apucară de treburi,alături de celelalte șaisprezece sclave ale legiunii.Tabăra avea nevoie de organizare în absența unei părți importante a forței sale de luptă,iar acest lucru cădea în responsabilitatea femeilor.Livia,care avea o fire mai autoritară,se ocupa de bucătărie și organizarea cinei pentru cei rămași,în timp ce Helena prelua rolul de îngrijire a uniformelor și hainelor celor mai importanți Legații.Celelalte paisprezece sclave erau ocupate fiecare cu diverse treburi,dar pe măsură ce ziua avansa,începură să se adune și să schimbe impresii despre comandanții pe care îi serveau.Se formase o prietenie strânsă între ele de-a lungul campaniilor,fiecare dintre ele împărtășind nu doar grijile,dar și speranțele legate de viața alături de legiune.În timp ce amestecau o fiertură mare de linte și ceapă în vasele de fier,sau pregăteau plăcinte simple din făină și ierburi,începu să se înfiripe un dialog între ele,sub îndrumarea Liviei.

Iată numele fiecărei femei și a Legatului pe care îl servea:

Aelia - sclava Legatului Lucius Cassius
Crispina - sclava Legatului Gaius Marcellus
Valeria - sclava Legatului Tiberius Fuscus
Octavia - sclava Legatului Publius Corvinus
Iulia - sclava Legatului Marcus Longinus
Fausta - sclava Legatului Sextus Varro
Sabina - sclava Legatului Lucius Silanus
Domitilla - sclava Legatului Gnaeus Rufus
Flavia - sclava Legatului Decimus Varus
Cornelia - sclava Legatului Lucius Brutus
Livia - sclava Legatului Marcus Fabius Valens
Helena - sclava Legatului Marcus Fabius Valens
Antonia - sclava Legatului Gaius Cato
Lavinia - sclava Legatului Titus Sabinus

Silvia - sclava Legatului Quintus Tullius
Marcia - sclava Legatului Sextus Cornelius
Prima - sclava Legatului Gaius Flavius
Vibia - sclava Legatului Lucius Crassus
Claudia - sclava Legatului Decimus Flaccus

În bucătărie,Livia coordona activitățile cu o voce clară și fermă.Helena se apropie și începu să ajute la pregătirea mesei,în timp ce discuțiile despre Legații pe care îi serveau se transformau într-o destăinuire despre sentimentele și gândurile lor.
-Crispina (zâmbind timid):Gaius Marcellus e uneori prea serios,dar simt că are o inimă bună.Se îngrijește de soldați,iar în seara dinaintea fiecărei lupte îmi spune să nu îmi fac griji.Mă face să mă simt ocrotită.
-Aelia (dând din cap):Lucius Cassius este un om dur,dar și drept.Când mă privește cu acea privire rece a lui,mă simt mică.Și totuși,nu mi-a ridicat niciodată vocea.
- Flavia:Eu am noroc cu Decimus Varus.E blând și mă tratează bine,

mai ales că sunt aici de când aveam doar cincisprezece ani.M-a învățat să citesc să scriu și să socotesc,spune că orice sclavă ar trebui să știe ceva mai mult decât doar munca.
-Helena (cu o voce calmă):Valens... Marcus Fabius Valens e drept,dar are ceva în privire...cred că este împovărat de răspunderea pe care o poartă.Nu mă tem de el,și,într-un fel,îmi pasă de ce se va întâmpla cu el.
-Livia (zâmbind ușor):Știi bine,Helena,că Valens are un suflet nobil.Chiar și pe câmpul de luptă este un lider care nu lasă niciun om în urmă.Noi,cele din cortul lui,suntem norocoase.
Pe măsură ce discutau,și celelalte femei împărtășeau gânduri similare,de la respect la teamă,dar toate păreau să recunoască aceeași realitate:comandanții pe care îi serveau,deși stăpâni,aveau o umanitate aparte,o căldură pe care doar ele o vedeau în momentele de intimitate ale taberei.Odată ce cina era gata,sclavele pregătiră porțiile soldaților care se întorseseră la tabără,obosiți de munca zilei.

Helena și Livia, împreună cu celelalte femei, terminau ultima parte a servirii, așteptând cu nerăbdare să afle vești despre incursiunea lui Valens și despre întoarcerea legiunii. Aelia, sclava lui Lucius Cassius, era o tânără de douăzeci și șase de ani cu trăsături fine și o frumusețe naturală care atrăgea privirile celor din jur. Crescută într-un mic sat din nordul Italiei, Aelia fusese capturată în timpul unei rebeliuni și vândută ca sclavă. Avea părul lung, de un castaniu deschis, iar ochii săi mari și verzi reflectau o combinație de resemnare și inteligență. În tabăra legiunii, își câștigase rapid locul printre celelalte sclave prin firea ei blândă și prin agilitatea cu care își îndeplinea sarcinile, în ciuda greutăților vieții. Lucius Cassius, legatul pe care îl servea, era un bărbat impunător, cunoscut pentru disciplina de fier și calmul său autoritar. Aelia învățase repede că, deși părea distant și rece, Lucius avea o atenție deosebită pentru cei care îi erau loiali și un simț acut al dreptății. De câte ori era în prezența lui, Aelia simțea o neliniște ciudată, nu de teamă, ci mai degrabă dintr-o profundă respect și o admirație tăcută, greu de explicat.

Privirea lui serioasă părea să îi pătrundă până în suflet,iar Aelia își dorea mereu să fie la înălțimea așteptărilor sale.Ziua lui Aelia începea devreme,cu treburi care includeau curățarea și îngrijirea armurii și echipamentului lui Cassius.Lucius era meticulos,iar Aelia învățase rapid cum să îi pregătească armura astfel încât să strălucească impecabil.Nu își permitea greșeli; știa că respectul lui Lucius pentru ea depindea de modul în care își îndeplinea atribuțiile.Își concentra atenția asupra fiecărui detaliu,de la curățarea armurii și pregătirea armelor până la aranjarea cortului său,asigurându-se că totul era perfect.În rarele momente în care Lucius îi acorda atenție,vocea lui era gravă,dar calmă.Aelia observase că,deși rar exprima afecțiune,în felul său tăcut,Lucius o respecta și chiar părea să aibă încredere în ea.Uneori,o întreba cum se simte sau dacă există ceva ce îi lipsește,iar Aelia îi răspundea mereu cu respect și recunoștință.Aceste conversații erau scurte,dar aveau o mare importanță pentru ea,dându-i un sentiment de siguranță în mijlocul lumii brutale în care trăia.Seara,după ce termina toate sarcinile,Aelia se retrăgea alături de celelalte sclave,dar de multe ori gândurile ei se îndreptau spre Lucius.Îi admira răbdarea și modul în care își conducea oamenii,precum și hotărârea sa în luptă.Era un om de cuvânt,iar Aelia respecta integritatea de care dădea dovadă.Deși era conștientă că relația lor era definită de diferența de statut,își imagina uneori cum ar fi să-i vorbească mai liber,să-i împărtășească frământările și gândurile ei.Aelia era respectată și printre celelalte sclave,datorită modului său liniștit de a comunica și pentru că mereu își oferea ajutorul fără să ceară ceva în schimb.Era prima care intervenea atunci când una dintre ele avea o problemă,iar asta îi atrăsese afecțiunea celorlalte femei.Aelia nu vedea această legiune doar ca pe un loc în care era obligată să lucreze,ci,în mod ciudat,ca pe o familie temporară,în care fiecare suflet purta propriile poveri.În acea seară,când Lucius și restul legiunii plecaseră în incursiune,Aelia rămăsese în tabără și simțea o neliniște profundă.Deși era obișnuită cu absențele lungi ale lui Lucius,gândul că ar putea să nu se mai întoarcă o îngrijora.Își spuse că,pentru el,un soldat experimentat,nimic nu era prea dificil.Cu toate acestea,își dorea să aibă un moment de liniște și siguranță pentru sine,un loc în care nu ar mai fi fost definită de condiția de sclavă,ci de persoana care devenise.Cu inima strânsă,își continuă sarcinile zilnice,gândindu-se că,într-o bună zi,poate viața i-ar putea oferi un alt destin,unul în care să fie eliberată de constrângerile prezentului.Dar,până atunci,era recunoscătoare pentru locul ei,pentru prietenia celorlalte femei și,mai ales,pentru respectul pe care îl câștigase în ochii lui Lucius Cassius.Crispina,sclava lui Gaius Marcellus,era o tânără de douăzeci și patru de ani cu un chip delicat și trăsături care emanau o seninătate aparte,ascunzând o fire sensibilă,dar puternică.Cu părul negru și lung,mereu prins într-o coadă simplă,și ochii căprui,plini de curiozitate,Crispina se distingea prin calmul și dedicarea cu care își îndeplinea sarcinile.Provenea dintr-o familie simplă din sudul Galiei și fusese capturată în timpul unei expediții a legiunii romane în acea regiune.Tânără și visătoare,viața ei fusese brusc schimbată atunci când devenise sclavă și fusese desemnată să-l servească pe legatul Gaius Marcellus.Gaius Marcellus era un comandant cu o alură impunătoare,dar surprinzător de blând în felul în care trata oamenii.Avea o fire calmă și părea întotdeauna cufundat în gânduri,ca și cum ar purta o povară nevăzută.Spre deosebire de alți comandanți care-și tratau sclavii cu răceală,Marcellus era înțelegător și,uneori,chiar își exprima recunoștința față de Crispina,lucru care o surprindea și o făcea să-l respecte și mai mult.Crispina își petrecea cea mai mare parte a timpului ocupându-se de cortul lui Marcellus,păstrând ordinea și asigurându-se că armura și echipamentul său erau întotdeauna în stare perfectă.Făcea totul în tăcere,cu atenție la detalii,încercând să fie cât mai discretă pentru a nu-i perturba liniștea.Învățase repede că Marcellus aprecia liniștea și ordinea,așa că își aranja fiecare mișcare pentru a lucra fără să fie observată.Deși relația dintre ei era strict formală,Crispina simțea un soi de afecțiune tăcută față de Marcellus.Acesta o trata mereu cu respect,iar acest gest rar întâlnit îi stârnea o mulțumire profundă.Uneori,când era obosit sau abătut după o zi lungă de antrenament sau planificare,Marcellus o întreba despre trecutul ei,despre viața din Galia,despre familia pe care o lăsase în urmă.Deși aceste momente erau scurte și rare,Crispina se simțea mai mult decât o simplă sclavă atunci când legatul îi acorda atenție.În serile mai liniștite,Crispina își găsea refugiul alături de celelalte sclave,dar gândurile ei rămâneau la Marcellus.Vedea în el un om cu mult mai complex decât ar fi crezut,unul căruia îi păsa de cei din jurul său și care era devotat legiunii,dar cu o căldură pe care puțini o observau.

Chiar dacă viața de sclavă nu-i lăsa prea multe speranțe,Crispina avea un respect profund pentru legatul ei și o dorință intensă de a-i fi de folos.Crispina păstra în sine o speranță mută,aceea că,poate într-o zi,viața i-ar putea aduce libertatea sau măcar o schimbare a sorții.Între timp,își făcea datoria cu o dedicare de nezdruncinat,mereu recunoscătoare că,deși prinsă în această condiție de sclavie,îl servea pe Marcellus,un om pe care îl considera nobil în felul său.Valeria,sclava lui Tiberius Fuscus,era o femeie de treizeci și șase de ani cu o frumusețe sobră și o fire hotărâtă,mai ales pentru cineva în condiția ei.Provenea dintr-o familie nobiliară din provinciile estice ale imperiului,iar educația sa aleasă, pe care o dobândise în tinerețe,îi oferise o atitudine demnă și un vocabular rafinat,rar întâlnit la celelalte sclave.După ce familia sa fusese capturată în timpul unui conflict,viața ei se schimbase radical:dintr-o tânără de neam bun,ajunsese sclavă în tabăra legionară,unde fusese desemnată să-l slujească pe legatul Tiberius Fuscus.Tiberius era un bărbat dur,marcat de viața grea a campaniilor militare,un ofițer renumit pentru disciplina sa aspră și pentru

strictețea cu care își conducea oamenii.În ochii săi, loialitatea și eficiența erau mai presus de orice,iar acest lucru se reflecta în felul în care își trata soldații și chiar sclavii.Spre deosebire de alți comandanți,Fuscus nu era cunoscut pentru căldura sa sau pentru o atitudine blândă.Era sever,cu o privire pătrunzătoare și o voce gravă,care impunea respect sau chiar teamă.Valeria,însă,era diferită de majoritatea sclavelor.În ciuda asprimii lui Fuscus,ea reușise să-și păstreze o mândrie tăcută și o demnitate care-i uimea pe cei din jur.Nu se arăta înfricoșată de Tiberius,ci mai degrabă rece și calculată în prezența sa,îndeplinindu-și îndatoririle cu o eficiență aproape impecabilă.În tăcere,Valeria știa că această disciplină era singurul mod prin care putea obține o oarecare apreciere din partea legatului.În timpul zilei,Valeria se ocupa de toate detaliile din cortul lui Tiberius,pregătindu-i armura și armele,curățându-i spațiul de locuit și asigurându-se că proviziile erau bine organizate.Tiberius era extrem de pretențios în privința ordinii,iar Valeria ajunsese să-i cunoască preferințele în detaliu.Aceste sarcini,care altora le-ar fi părut

obositoare,pentru ea deveniseră aproape un ritual,o metodă de a găsi echilibru și sens în mijlocul incertitudinii.Chiar dacă Fuscus era dur și rezervat,Valeria îi admira în secret determinarea și modul meticulos de a gândi,ceea ce o făcea să-i aprecieze ordinele ca pe un test personal de autodisciplină.Din când în când,Tiberius îi adresa câteva cuvinte de apreciere tăcută,însă Valeria putea simți că respectul său era bine ascuns sub o mască de autoritate.Rarele momente în care o întreba despre starea ei sau despre sănătate erau pentru Valeria un semn subtil că, în felul lui aspru,Tiberius Fuscus îi recunoștea eforturile și îi respecta tăria de caracter.Acest respect reciproc tăcut devenise o fundație a relației lor neobișnuite,chiar dacă nevorbite.În serile liniștite,când își termina treburile,Valeria privea uneori la focul taberei,gândindu-se la viața pe care o pierduse și la legatul pe care îl servea.În ciuda distanței impuse de statutul ei de sclavă,Valeria începea să vadă în Tiberius nu doar un stăpân,ci și un om care își dedicase viața unor valori similare celor pe care ea le respectase în tinerețe:disciplina,onoarea și datoria.În tăcere,Valeria își găsea astfel alinare,acceptând viața actuală și sperând ca,prin loialitatea sa tăcută, să-și câștige încrederea și,poate,un alt destin.Octavia,sclava lui Publius Corvinus,era o femeie de treizeci și doi de ani,o frumusețe grațioasă și o inteligență rar întâlnită,care atrăgea adesea atenția celor din jur.Avea părul lung și negru,strălucitor,iar ochii săi albaștri păreau să dezvăluie o profunzime aparte,plină de gânduri ascunse.Provenea dintr-o familie greacă,unde primise o educație atentă,și crescuse înconjurată de artă și filozofie,până în ziua fatidică în care devenise prizonieră de război. Soarta o adusese acum în tabăra romană,unde îi era sclavă lui Publius Corvinus,un legat cunoscut pentru natura sa aspră și temperamentul impulsiv.Publius Corvinus era un bărbat puternic și impunător,atât fizic,cât și prin personalitatea sa.Era cunoscut pentru firea sa energică și pentru abordarea directă și fermă a sarcinilor militare. Spre deosebire de alți comandanți,Corvinus nu avea prea multă răbdare pentru formalități și era mai degrabă preocupat de eficiență decât de protocol.Octavia învățase repede să-i anticipeze cerințele și să-și îndeplinească sarcinile cu o viteză și o precizie care să-l mulțumească.Se simțea uneori ca o umbră a legatului, preluându-i comenzi, îndeplinindu-i cerințele și asigurându-se că totul era pregătit pentru orice situație iminentă.Relația dintre Octavia și Publius era una complexă.Spre deosebire de alte sclave,Octavia nu părea intimidată de firea sa autoritară. Deși îi respecta autoritatea, răspundea adesea cu o liniște interioară, care îl intriga pe Publius.Octavia își menținea calmul chiar și în momentele în care legatul era furios sau când presiunea bătăliilor se resimțea în toată tabăra. Publius remarcă această tărie a ei,iar în timp începuse să o aprecieze tăcut pentru acest lucru.Pentru Octavia,viața în preajma lui Publius era un amestec ciudat de provocări și provocări.Avea de-a face zilnic cu dispozițiile sale schimbătoare,cu cerințele și așteptările sale neîncetate. Însă, spre deosebire de multe alte femei aflate în poziția ei, găsise un fel de consolare în această rutină.Publius,deși autoritar,avea un cod de onoare care-l împiedica să-și abuzeze sclavii,iar acest lucru îi dăduse un sentiment de siguranță într-o viață plină de incertitudine.Seara,după ce Publius se retrăgea în cortul său pentru a se odihni sau a-și face planurile de luptă,Octavia se ocupa de îngrijirea echipamentului său,pregătind totul pentru ziua următoare.De multe ori se întorcea la amintirile despre viața din Grecia,amintindu-și lecțiile de filozofie și poezie care îi umpluseră copilăria.Fără să-și piardă speranța,își păstra spiritul viu,înfruntându-și destinul cu aceeași demnitate tăcută cu care îl servea pe Publius Corvinus.În tăcere,Octavia învățase să-l respecte pe legatul ei,văzând în el un om cu defecte și calități,un om prins,ca și ea,în strânsoarea unui destin ales de alții.În nopțile lungi din tabără, își găsea liniștea acceptându-și viața așa cum era și sperând că,într-o bună zi,îi va fi permis să-și recâștige libertatea și să-și urmeze drumul pierdut.Iulia,sclava lui Marcus Longinus,era o tânără de aproximativ douăzeci și șapte de ani cu o frumusețe discretă și o fire blândă,dar care ascundea o tărie interioară neobișnuită.Avea părul de un blond auriu,prins adesea într-o coadă simplă,iar ochii ei căprui străluceau de o inteligență vie,temperată de o expresie calmă și resemnată.Provenea dintr-o mică așezare din nordul Italiei și fusese capturată într-un raid al legiunilor romane.Viața în captivitate era o provocare pentru spiritul său liber,însă reușise să găsească un echilibru în noua ei existență,slujindu-l pe legatul Marcus Longinus.Marcus Longinus era un legat cunoscut pentru firea sa rece,calculată și pentru modul meticulos în care își organiza trupele.Cuvintele lui erau întotdeauna alese cu grijă,iar cei din jur simțeau în prezența lui o disciplină impusă cu autoritate tăcută.Spre deosebire de alți comandanți,Longinus nu era grăbit în acțiunile sale;fiecare decizie părea să fie luată în urma unei analize profunde,iar acest mod de a conduce îl făcea respectat în rândul legionarilor.

Iulia învățase repede să-l asculte și să fie atentă la preferințele și obiceiurile lui,reușind astfel să își îndeplinească sarcinile cu o eficiență deosebită.Relația dintre Iulia și Marcus Longinus era una marcată de tăcere și respect reciproc.Iulia era conștientă de locul său și nu se abătea de la îndatoririle sale,iar Longinus o trata cu o politețe rece,care denota mai degrabă profesionalism decât afecțiune.Iulia se obișnuise cu felul său rezervat și chiar găsea un anumit confort în această distanță respectuoasă.Deși nu i se adresa prea des și nu avea multe ocazii să comunice cu el,simțea că Longinus apreciază loialitatea și devotamentul ei,chiar dacă nu o exprima în cuvinte.Zilele Iuliei erau pline de activități care necesitau atenție la detalii:pregătirea armurii și a echipamentului,curățenia în cortul legatului și organizarea proviziilor pentru fiecare nouă campanie.Iulia își găsea liniștea în aceste sarcini repetitive,tratându-le ca pe un ritual prin care își păstra mintea ocupată.Noaptea,după ce își termina treburile,își petrecea clipele rămase singură,privind stelele de deasupra taberei,și gândindu-se la viața ei dinainte.Pentru Marcus Longinus,Iulia devenise mai mult decât o simplă sclavă;loialitatea și dedicarea ei constantă o făcuseră să fie un sprijin tăcut,un punct de stabilitate în haosul campaniilor militare.În rarele momente când își exprima recunoștința, o făcea simplu, cu un scurt „mulțumesc",însă Iulia înțelegea că aceste cuvinte veneau din respectul autentic pe care îl câștigase prin muncă și tărie de caracter.În tăcere,Iulia spera că,într-o zi,va fi eliberată sau,cel puțin,va găsi o viață mai liniștită.Până atunci,însă,continua să își facă datoria cu aceeași dedicație,acceptându-și soarta și respectându-l pe Longinus ca pe un comandant corect și calculat,pentru care disciplina și ordinea erau mai presus de orice.Fausta,sclava lui Sextus Varro,era o femeie de apoape treizeci de ani cu o frumusețe naturală și o fire ascuțită,care reușea să îmbine în mod armonios grația cu inteligența.

Cu părul castaniu ondulat și ochii verzi, avea o expresie pătrunzătoare,care sugera că mintea ei era mereu în alertă.Provenea dintr-o familie din Britannia, iar capturarea ei de către romani fusese un eveniment care îi schimbase complet destinul.Dintr-o tânără liberă și mândră,Fausta devenise sclavă,dar reușise să-și păstreze o parte din spiritul independent,ascuns sub un exterior supus și tăcut.Sextus Varro, legatul pe care îl servea,era un om cunoscut pentru ambiția sa și pentru curiozitatea intensă cu care explora culturile popoarelor cucerite.Înalt și puternic,cu o fire sociabilă și chiar plăcută în prezența celor apropiați,Varro avea o înclinație neobișnuită de a pune întrebări și de a asculta cu interes poveștile celor pe care îi întâlnea.În Fausta,el găsise o companie tăcută,dar cu o personalitate care îl intriga.Văzuse de la început în ochii ei o scânteie de înțelepciune și era fascinat de cultura celtică din care provenea.Fausta fusese desemnată să se ocupe de cortul lui Varro și să îl ajute în sarcinile zilnice,dar rolul ei ajunsese să însemne mai mult de-atât.Uneori,când se afla într-o dispoziție bună,Sextus o întreba despre tradițiile și legendele din Britannia,iar Fausta îi povestea în șoaptă despre zeița Morrigan,despre vechii druizi și despre pădurile sacre ale insulei sale natale.Aceste conversații scurte,purtate adesea seara,deveniseră pentru Fausta o evadare din realitate,iar pentru Sextus,o sursă de inspirație și curiozitate.Deși rolul său era acela de sclavă,Fausta avea o poziție specială în anturajul lui Sextus,fiind una dintre puținele persoane cu care acesta se deschidea.Fausta se obișnuise să-l asculte atent și să-i anticipeze nevoile, pregătindu-i echipamentul pentru luptă,curățându-i cortul și asigurându-se că totul era în ordine.În tăcere, Fausta se simțea recunoscătoare că,deși era departe de casă și de familia ei,găsise în Sextus un stăpân care o trata cu respect și o considera mai mult decât un simplu sclav.În rarele momente când o felicita pentru loialitatea și eficiența sa,Sextus folosea cuvinte alese cu grijă,iar Fausta simțea că acele aprecieri,deși discrete,erau autentice.Deși inima ei rămânea plină de dorul pentru Britannia,Fausta ajunsese să aibă o oarecare pace interioară în tabăra romană,unde își găsise locul și câștigase respectul lui Varro.În liniștea nopților,Fausta continua să viseze la pădurile verzi și la pământul umed al Britanniei, dar găsea alinare în faptul că,prin devotamentul și inteligența sa,și-a câștigat un loc sigur lângă Sextus Varro.Speranța unei posibile libertăți era adânc ascunsă,dar până atunci,Fausta își făcea datoria cu grația și înțelepciunea unei femei care își păstra mândria,chiar și într-o lume străină.Sabina este o sclavă tânără,având aproximativ douăzeci de ani,aparținând lui Lucius Silanus,un legat roman aflat în Legiunea a X-a,care staționează într-o tabără militară amplasată strategic în apropierea fluviului Rin.De origine daco-getică,Sabina a fost capturată în timpul unei expediții romane în provinciile din nordul imperiului,de unde a fost adusă mai întâi la Roma,iar mai apoi i-a fost oferită lui Lucius Silanus ca recompensă pentru faptele sale de vitejie și loialitate față de imperiu.Înaltă și suplă,Sabina este remarcabilă prin trăsăturile sale specifice nordului:pielea palidă,părul lung și blond-auriu,ochii verzi strălucitori și o privire mândră,care adesea denotă o tristețe profundă amestecată cu o neînfricată curiozitate.Deși viața de sclavă i-a diminuat odată pofta de viață,firea ei încă păstrează o anume noblețe,poate moștenită de la strămoșii ei daci.Este o femeie inteligentă și adaptabilă,învățând rapid limba latină și alte obiceiuri ale romanilor,ceea ce a făcut-o să fie apreciată de stăpânul ei.Lucius Silanus,un legat de vârstă medie cu o carieră îndelungată în armata romană,o tratează pe Sabina mai degrabă ca pe o companioană decât ca pe o simplă sclavă.El a observat inteligența și spiritul viu al acesteia și, poate chiar și o ușoară asemănare între caracterul său dur și hotărât și încăpățânarea din privirea ei.Deși între ei există o relație de putere inegală,Sabina nu este supusă abuzurilor fizice sau tratamentului brutal,iar asta a determinat-o să dezvolte o oarecare loialitate față de el,deși în adâncul sufletului visează încă la o viață liberă.În tabăra romană de lângă Rin,Sabina își petrece zilele îndeplinind diverse sarcini,fie în cortul lui Lucius,fie alături de alte servitoare și sclavi.În timp ce ziua se îngrijește de curățenie și de pregătirea mesei,serile le petrece uneori alături de Lucius,discutând despre viața de acasă, despre tradițiile ei,despre zei și ritualuri străvechi.Aceste momente de sinceritate îi permit lui Lucius să vadă o latură a ei pe care puțini o cunosc,un fel de misticism și putere interioară care o fac unică între sclavii pe care i-a avut.În ciuda unei vieți dure,Sabina este respectată de alți sclavi și servitori din tabără pentru comportamentul ei demn și înțelepciunea de care dă dovadă.Unii dintre legionari o privesc cu o fascinație amestecată cu teamă,fiindcă mulți dintre ei au auzit povești despre daci și despre preotesele acestora,iar prezența ei aduce aminte de legendele și superstițiile din teritoriile nordice.Deși aparent resemnată,Sabina nu și-a abandonat complet dorința de a fi liberă.Este o fire intuitivă și tăcută,observând atent fiecare detaliu și căutând o ocazie de a-și recăpăta libertatea,dacă soarta îi va permite.De asemenea,ea speră că într-o zi își va putea folosi cunoștințele și conexiunile pentru a reuși să fugă de sub stăpânirea romană.Totuși, până atunci,Sabina continuă să-și joace rolul,să se adapteze la fiecare provocare și să încerce să supraviețuiască într-o lume care i-a fost impusă fără voia ei.Domitilla este o sclavă de origine latină,o tânără în jurul vârstei de optsprezece ani,care îi aparține lui Gnaeus Rufus,un legat experimentat din Legiunea a X-a, staționată în tabăra romană de lângă Rin. Provenită dintr-o familie umilă dintr-un colț al Imperiului Roman,Domitilla a fost vândută ca sclavă de mică,după ce familia ei nu a mai avut resurse să o întrețină.Din cauza istoriei sale,ea a fost instruită în artele casnice și în eticheta romană,reușind să-și dezvolte abilități care au făcut-o potrivită pentru a deveni o sclavă de încredere a unui ofițer de rang înalt precum Rufus.Domitilla este o tânără cu trăsături fine, pielea deschisă și părul castaniu întunecat, prins adesea în cosițe strânse,conform obiceiurilor romane.Ochii săi căprui emană o blândețe naturală,dar și o curiozitate reținută.Firavă din fire,Domitilla nu este construită pentru munci fizice grele,însă compensează prin delicatețea și grația mișcărilor,câștigând repede aprecierea celor din jur.Ea posedă o voce calmă și o personalitate liniștită, ceea ce îi oferă o anumită aură de resemnare;cu toate acestea,sub această suprafață aparent docilă,Domitilla ascunde o inteligență subtilă și o atenție deosebită la detalii.Viața alături de Gnaeus Rufus este una de îndatoriri constante,dar fără cruzimea specifică altor relații dintre sclavi și stăpâni.Rufus este un om disciplinat și pragmatic,preferând să aibă sclavi devotați, care să-i înțeleagă nevoile și să fie dispuși să-l sprijine fără probleme.De aceea,el îi oferă Domitillei un tratament decent,chiar și ocazional generos,și o include uneori în discuțiile sale, observând că ea nu doar ascultă,ci și înțelege.Rufus apreciază calmul Domitillei,considerând-o un sprijin în viața sa agitată de soldat,iar de multe ori îi încredințează sarcini administrative și îngrijirea corespondenței personale.Tabăra de lângă Rin este un loc tensionat,plin de activitate militară intensă,și Domitilla joacă un rol important în a menține ordinea în spațiul personal al lui Rufus.Printre sarcinile sale,ea are grijă de cortul legatului,asigurând curățenia,pregătirea meselor și menținerea hainelor și echipamentului său în stare impecabilă.De asemenea,îi pregătește băuturile și îi servește mesele,fiind atentă la orice mic detaliu care l-ar putea deranja.Pentru Domitilla,acest ritm de viață este o rutină dureroasă și monotonă,dar,deși își acceptă statutul,uneori visează la o viață liberă,poate undeva departe,departe de cerințele continue ale taberei militare și ale lui Rufus.Fiind conștientă că ideea de libertate este doar un vis greu de atins,ea își menține speranțele tăcute și continuă să servească cu devotament.În relația cu ceilalți sclavi și slujitori din tabără,Domitilla este văzută ca o prezență caldă și amabilă,pe care mulți o respectă și o simpatizează.Această simpatie se datorează bunătății ei,precum și naturii sale rezervate,dar politicoase,cu care se adaptează la cerințele unei vieți dure.Legionarii o percep drept o umbră tăcută a lui Rufus,o figură subtilă care pare să se amestece cu decorul și să nu atragă atenția, dar care este în același timp indispensabilă pentru organizarea vieții din cortul legatului.Domitilla continuă să-și trăiască zilele în tabăra de lângă Rin,luând fiecare zi așa cum vine,resemnată și totodată visătoare,sperând ca într-o zi destinul să-i ofere o șansă să părăsească această existență și să își regăsească,într-un fel sau altul,propria identitate pierdută.Flavia era o tânără de o frumusețe modestă,dar cu o prezență captivantă,care se făcea remarcată prin purtarea ei demnă și firea sa reținută.Pielea ei avea o nuanță bronzată,mărturie a originilor sale mediteraneene și a vieții petrecute sub soarele puternic al Romei.Avea părul lung,negru,adesea prins simplu în spate,dar care,în momentele de liniște,se elibera într-o cascadă de bucle strălucitoare.Ochii îi erau de un căprui cald,iar privirea avea o adâncime care trăda o inteligență și o sensibilitate rar întâlnite în rândul sclavilor.Flavia ajunsese în posesia Legatului Decimus Varus în urma unei campanii de cucerire.Provenea dintr-o familie simplă de agricultori,undeva în Gallia Narbonensis,și fusese capturată împreună cu mulți alți tineri în timpul unui raid roman.În viața ei de sclavă,fusese repartizată la diverse sarcini,de la bucătărie la curățenie,dar datorită felului ei plăcut de a fi și devotamentului său,a ajuns să fie luată în seamă

de Decimus Varus însuși.Legatul a observat că Flavia era mult mai inteligentă și educată decât majoritatea sclavilor săi,astfel că a început să îi încredințeze sarcini mai delicate,cum ar fi gestionarea corespondenței sale personale și organizarea detaliilor din reședința sa militară.În ciuda statutului ei,Flavia era apreciată de cei din jur pentru capacitatea de a asculta,de a se adapta și de a înțelege subtilitățile relațiilor din tabăra militară. Fără a fi educată oficial,ea învățase limba latină și prinsese chiar și câteva expresii din limbajul militar al legionarilor,fapt care o făcea să fie respectată printre ceilalți sclavi și servitori din reședința Legatului.Era discretă,rar vorbea neîntrebată și,de obicei,se retrăgea în liniște atunci când simțea că prezența ei ar putea stânjeni pe cineva.În viața cotidiană,Flavia se ocupa cu dedicare de pregătirea camerei Legatului și a documentelor sale,având grijă ca nimic să nu lipsească.Era prima care se trezea și ultima care se culca,verificând până și cele mai mici detalii pentru a asigura confortul și eficiența lui Decimus Varus.Chiar dacă era conștientă că viața ei era în totalitate dedicată slujirii,Flavia își păstra o anumită demnitate și mândrie tăcută.În momentele rare de odihnă, își permitea să viseze la viața liberă din Gallia,la căldura familiei sale și la zilele fără griji.Flavia era o prezență tăcută și constantă în viața Legatului,o persoană de încredere pe care acesta o considera indispensabilă,deși,poate,nu conștientizase complet importanța ei.Era un sprijin invizibil, dar neprețuit,care menținea ordinea în haosul unei vieți militare,adaptându-se și servind cu răbdare și loialitate.Cornelia era o sclavă aparte,al cărei destin o adusese în slujba Legatului Lucius Brutus din Legiunea a X-a Gemina.Provenea dintr-o familie înstărită a provinciei Dacia,dar în urma unei invazii romane,fusese capturată și vândută ca sclavă.Cu toate acestea,Cornelia nu și-a pierdut niciodată noblețea nativă,care se reflecta în atitudinea și în comportamentul său reținut, chiar dacă își înțelegea poziția de sclavă într-un imperiu care îi era cândva dușman.Avea o prezență ce emana o eleganță naturală, deși purta straie simple.Cu o siluetă grațioasă și o frumusețe discretă,Cornelia era remarcabilă prin înfățișarea ei:ochi albaștri pătrunzători și păr castaniu,bogat,care îi cădea în valuri pe spate.Trăsăturile ei erau blânde,dar ferme,reflectând o inteligență aparte.În ciuda vieții sale de sclavă,păstra o demnitate care câștigase respectul și atenția lui Lucius Brutus.Cornelia avea roluri multiple în viața de zi cu zi a legatului.Deși slujea în casa lui,nu era doar o simplă menajeră;Lucius Brutus o folosea și pentru organizarea corespondenței sale și pentru menținerea ordinii în documentele militare. Cunoștințele ei de latină și abilitatea de a scrie o făcuseră indispensabilă în reședința legatului,iar Brutus aprecia răbdarea și discreția cu care Cornelia își îndeplinea sarcinile.Când Lucius avea nevoie de cineva care să aibă grijă de corespondență importantă sau să îi țină socotelile,Cornelia era persoana de încredere pe care o chema.În plus,Cornelia știa cum să se facă invizibilă atunci când situația o cerea, dar și cum să ofere un sfat tăcut atunci când era necesar.Deși nu era liberă să își exprime propriile gânduri,își ajuta stăpânul să ia decizii prudente și să-și păstreze ordinea în viața de zi cu zi.De fapt,loialitatea ei și dorința de a-și duce sarcinile la îndeplinire cu acuratețe au făcut-o indispensabilă pentru legat,care o considera nu doar un simplu servitor,ci mai degrabă un ajutor de nădejde.În ciuda aparentei distanțe între ei,Cornelia și Lucius aveau o relație bazată pe un respect tăcut. În rarele momente de relaxare,Cornelia îi povestea câteva frânturi despre Dacia,despre munții și râurile ce îi aminteau de libertatea pierdută,dar o făcea cu rezervă,fără să-și trădeze suferința.Era conștientă de poziția sa,dar și de faptul că,prin slujirea ei ireproșabilă,putea să-și construiască o viață suportabilă în noua lume în care fusese aruncată.Pentru Cornelia,viața în serviciul lui Lucius Brutus devenise un echilibru între datoria de sclavă și demnitatea unei femei care,deși capturată și forțată să trăiască departe de casă,nu renunțase la identitatea și la valorile ei.Cornelia reprezenta reziliența și speranța tăcută că,într-o zi, poate își va recăpăta libertatea,dar până atunci,își îndeplinea îndatoririle cu eleganță și o dedicație ireproșabilă, câștigând respectul celor care,altfel,nu ar fi văzut într-o sclavă decât un simplu obiect.Livia era o sclavă tânără și plină de energie,originară din provincia Gallia,unde fusese capturată în urma unei campanii romane.Încă de la o vârstă fragedă,a cunoscut duritatea vieții de sclavie,fiind vândută în cele din urmă lui Marcus Fabius Valens,Legat în Legiunea a X-a Gemina.În ciuda circumstanțelor dificile,Livia păstrase o anumită lumină în privire,un amestec de curaj și inteligență care o făcea să se evidențieze.Era o fată înaltă și bine făcută,cu pielea ușor arsă de soarele sudului și părul blond, strâns într-o coadă simplă,dar elegantă.Ochii ei verzi,strălucitori,capturau atenția,iar privirea îi era adesea atentă,analizând rapid tot ceea ce se petrecea

în jurul ei.Livia avea un spirit practic și o fire disciplinată,adaptându-se cu ușurință oricăror cerințe ale legatului Valens.Rolul Liviei era unul complex,căci Marcus Fabius Valens îi încredința sarcini variate,văzând în ea o sclavă eficientă și de încredere.Ea se ocupa de ordinea în reședința legatului, dar și de mici sarcini legate de întreținerea armurii și echipamentelor personale ale acestuia, fapt care o aducea în contact direct cu viața militară.Fiind prezentă în preajma soldaților și auzind des discuțiile lor,Livia cunoștea bine atmosfera castrului și simțea pulsul tensiunilor din legiune.Avea o minte agilă și observa totul,de la pregătirile zilnice până la obiceiurile legionarilor,rămânând însă discretă și tăcută.Pe lângă rolul său oficial,Livia dezvoltase o relație de încredere cu legatul.Valens,deși sever, avea momente în care se deschidea față de ea,împărtășindu-i frânturi din viziunea sa asupra vieții militare și ambițiile sale în legiune.De multe ori,o consulta pe Livia în privința unor chestiuni domestice,iar ea, a rândul ei,îi oferea opinii simple,dar înțelepte,bazate pe experiența unei vieți grele și pe spiritul practic.Această relație tăcută de încredere o făcea să se simtă respectată și,în mod paradoxal îi oferea un sens al valorii,în ciuda statutului ei de sclavă.În orele rare de libertate,Livia își găsea liniștea în grădina interioară a reședinței lui Valens,unde se retrăgea pentru a contempla liniștită viața din jurul ei.De multe ori,își amintea de familia și locurile natale din Gallia,dar nu lăsa aceste amintiri să o tragă în jos.În schimb, găsise o cale să își transforme durerea în putere,făcând din loialitatea față de legat un scop în sine.Pentru Livia,viața în slujba lui Marcus Fabius Valens era o combinație între datorie și supraviețuire.Cu o voință de fier și o discreție înnăscută,și-a câștigat locul în lumea soldaților și a servitorilor,păstrând o demnitate rar întâlnită.Știa că,deși sclavă,deține un control subtil asupra sorții sale prin atitudinea sa calmă și determinată,și,astfel,continuă să își îndeplinească datoriile cu o dedicare neabătută,făcând din prezența ei un sprijin tăcut,dar puternic, pentru legatul său.Helena era una dintre cele mai devotate și loiale sclave ale legatului Marcus Fabius Valens,un om recunoscut pentru disciplina strictă și autoritatea fermă în Legiunea a X-a Gemina. Originară din Grecia,Helena fusese capturată într-o incursiune romană în cetatea sa natală.Provenea dintr-o familie nobilă,iar educația și cultura ei greacă făceau din Helena o sclavă aparte,cu o eleganță rafinată și o inteligență vie care îi deosebea de restul servitorilor.Cu părul negru și ondulat,ce îi cădea liber pe umeri,și ochii de un albastru profund,Helena părea să fi fost sculptată de o mână de artist grec,frumusețea ei fiind de o grație naturală.Cu o statură zveltă și trăsături fine,trăda o prezență blândă și, totuși,puternică.Deși îmbrăcată modest,Helena reușea să emane un aer de demnitate,iar acest lucru nu a trecut neobservat de Marcus Fabius Valens,care a ales-o pentru o serie de sarcini care necesitau nu doar competență, ci și discreție.Fiind educată în artele și literatura greacă,Helena a devenit curând asistenta personală a lui Valens.

Ea era responsabilă de gestionarea corespondenței legatului,de transcrierea rapoartelor și de întreținerea bibliotecii sale personale,una dintre puținele colecții de manuscrise din castrul militar.În plus,având o cunoaștere de bază a limbii latine și fiind un bun observator,Helena adesea oferea sfaturi tăcute legatului atunci când acesta se confrunta cu dileme sau trebuia să ia decizii importante.Marcus Valens aprecia nu doar devotamentul ei,ci și modul în care îi putea încredința chiar și cele mai sensibile sarcini fără să-și facă griji pentru discreția ei.În timpul zilei,Helena își petrecea majoritatea timpului în biroul legatului,organizându-i documentele și asigurându-se că totul era în ordine.De asemenea,avea grijă de întreținerea manuscriselor și a hărților prețioase,pe care legatul le folosea în strategii militare.Spre deosebire de alți sclavi,Helena avea acces la informații importante,iar acest lucru o făcea să fie conștientă de valoarea rolului său.În rarele momente de relaxare,Helena adora să studieze textele antice grecești sau să contemple liniștea oferită de grădina interioară a reședinței.Deși viața ei era limitată de rolul de sclavă,Helena nu și-a pierdut niciodată spiritul.În ciuda distanței ierarhice față de legat,între ei s-a format un respect tacit,aproape o înțelegere mutuală.Helena îl respecta pe Valens pentru disciplina sa,iar el vedea în ea o persoană valoroasă,care aducea un plus de rafinament și ordine în viața sa.Era conștient că loialitatea și capacitatea ei de a ține secretele sale o făceau indispensabilă.
Pentru Helena,existența în serviciul lui Marcus Fabius Valens era marcată de un sentiment dublu:de o parte,dorința de libertate,iar de cealaltă parte,o mândrie discretă pentru faptul că își putea folosi cunoștințele și aptitudinile.Își păstra calmul și echilibrul chiar și în momentele de tensiune,știind că,în tăcerea sa și în puterea minții,deținea un loc aparte în această lume rigidă a Romei antice.Antonia,sclava Legatului Gaius Cato,era o figură misterioasă și rezervată în reședința acestuia din cadrul Legiunii a X-a Gemina.

Originară din provinciile iberice,fusese capturată în timpul campaniilor romane de expansiune și adusă ca sclavă în lumea pe care o considera odinioară a inamicilor ei.Cu o frumusețe sobră,caracteristică femeilor din nordul Hispaniei,Antonia păstra o aură de forță interioară și demnitate chiar și în postura ei de sclavă.Avea părul lung,de un castaniu întunecat,ce cădea liber peste umeri și un ten bronzat,cu ochii mari și negri ce exprimau o inteligență calmă și observatoare.Cu trăsături bine definite și o statură atletică,se remarca printr-o prezență impozantă,deși evita să atragă atenția asupra sa.Antonia era respectată și temută de ceilalți sclavi,iar servitorii o considerau un personaj enigmatic,care știa să-și păstreze tăcerea și discreția în orice situație.Rolul ei principal în casa lui Gaius Cato era de administrare a gospodăriei și de supraveghere a celorlalți servitori.Gaius Cato era cunoscut pentru natura sa autoritară,dar recunoscuse în Antonia o persoană de încredere,cu o etică a muncii ireproșabilă.Astfel,ea fusese responsabilizată cu organizarea zilnică a reședinței,având grijă ca totul să fie perfect pregătit pentru legat și invitații săi.

Datorită originii ei iberice,Antonia era cunoscătoare a unor limbi și dialecte rare,fapt ce o făcea utilă atunci când legatul avea de discutat cu prizonieri și negociatori din acea regiune.Antonia își executa sarcinile cu o dedicare rece,fără a lăsa să iasă la suprafață sentimentele ei, însă,în sinea ei, își păstra identitatea și mândria.Avea o înțelegere profundă a poziției sale,dar și a responsabilităților pe care le purta,iar asta îi dădea o anumită putere interioară.Era adesea văzută în mijlocul servitorilor,dând indicații clare și precise,fiind vocea autorității în absența legatului. În rarele momente de liniște, își găsea refugiul într-un colț umbrit al grădinii interioare,unde contempla în tăcere trecutul ei din Hispania și locurile natale pe care nu mai avea să le vadă.Gaius Cato îi acordase Antoniei și un rol mai aparte,fiind uneori chemată să îl asiste în chestiuni legate de administrația castrului sau de logistica legiunii.Avea încredere în înțelepciunea și loialitatea ei,recunoscând că,deși era sclavă,Antonia avea o minte ageră și o perspectivă practică asupra problemelor.Relația dintre ei era una de respect mutual,chiar dacă ierarhia socială era ferm stabilită.Gaius Cato știa că se poate baza pe discreția ei absolută și pe abilitatea ei de a rezolva problemele înainte ca ele să devină vizibile.Pentru Antonia,viața în serviciul legatului Gaius Cato era o luptă zilnică între datorie și dorința interioară de libertate.Își acceptase soarta,dar fără a-și pierde respectul de sine.În tăcerea și devotamentul său,ascundea o rezistență interioară care o făcea să fie mai mult decât o simplă sclavă;era o femeie puternică,conștientă de propriile sale valori și determinată să își păstreze integritatea chiar și în cele mai dificile circumstanțe.Lavinia era sclava personală a legatului Titus Sabinus,un comandant cunoscut pentru stilul său de viață sobru și autoritatea neclintită asupra oamenilor săi.Originară din sudul Italiei,Lavinia fusese vândută în sclavie în urma unor datorii acumulate de familia ei.Deși viața ei fusese marcată de schimbări bruște și momente dificile,

Lavinia își păstrase o blândețe aparte și o reziliență interioară ce îi surprindea adesea pe cei din jur.Era o femeie de o frumusețe simplă,dar atrăgătoare,cu părul lung,ondulat și de un brunet intens,care îi încadra chipul oval.Ochii ei,de un căprui adânc,reflectau o amestec de blândețe și inteligență,trădând o sensibilitate pe care doar puțini o observau.Tenul ei măsliniu și trăsăturile fine îi dădeau un aer grațios,iar postura ei calmă și tăcută o făceau să treacă neobservată printre ceilalți sclavi,dar nu și în ochii lui Sabinus.Sarcinile Laviniei în reședința legatului erau multiple,de la întreținerea camerei sale private și a hainelor de ceremonial, până la îngrijirea micilor grădini de pe teritoriul castrului.Lavinia avea o pasiune pentru grădinărit, iar legatul Sabinus îi dăduse voie să se ocupe de câteva straturi de plante aromatice,pe care le îngrijea cu o atenție aproape maternă.Sabinus era conștient de dedicarea ei și aprecia faptul că Lavinia avea grijă de spațiul său personal cu o grijă rar întâlnită.Fiind o femeie tăcută,Lavinia reușea să fie discretă și eficientă,o prezență calmă într-o lume dominată de zgomotul și agitația vieții de castru.În prezența lui Titus Sabinus,Lavinia era respectuoasă și atentă.Îi observa obiceiurile și preferințele fără a fi invazivă,învățând să-i anticipeze nevoile și să-i ofere sprijinul de care avea nevoie fără a fi vreodată vizibilă.În rarele ocazii în care legatul avea timp pentru conversații,Lavinia îi vorbea cu voce joasă și calmă,arătându-se interesată de povestirile sale despre campaniile militare și ambițiile sale pentru viitor.Sabinus o respecta pentru inteligența ei tăcută și pentru delicatețea cu care reușea să își îndeplinească sarcinile.Deși Lavinia acceptase poziția de sclavă,în sufletul ei păstra o dorință tăcută de libertate și o amintire a vremurilor mai bune,pe când trăia cu familia sa.Pentru ea,fiecare zi era o lecție de răbdare și adaptabilitate,iar dragostea pentru grădinile și plantele pe care le îngrijea îi oferea alinare.

În singurătatea grădinilor sale,găsea un loc unde putea să se conecteze cu natura și să își păstreze un echilibru interior,gândindu-se la lumea de dincolo de zidurile castrului.Viața Laviniei alături de Titus Sabinus era o existență de slujire și de ascultare,dar și o sursă de învățăminte și de tărie.Prin delicatețea și calmul ei,Lavinia reușise să câștige respectul tacit al legatului,iar acest lucru îi oferea o satisfacție tăcută și o consolare în fața destinului său.Chiar dacă era o simplă sclavă,Lavinia își păstrase demnitatea și echilibrul,fiind conștientă că liniștea ei interioară o făcea mai puternică în fața greutăților.Silvia era sclava personală a legatului Quintus Tullius,un om cunoscut pentru calmul său calculat și o disciplină militară aproape impecabilă.Originară din Gallia,Silvia fusese capturată de romani în timpul unei campanii în regiunea sa natală.Era încă foarte tânără când fusese adusă la Roma,iar de atunci fusese în serviciul lui Tullius,adaptându-se treptat la noua ei viață.În ciuda anilor petrecuți departe de casă,păstra în suflet amintirile locurilor natale,care îi dădeau putere și speranță.Silvia avea o frumusețe naturală și simplă,caracterizată de o statură grațioasă și un chip senin,dar determinat.Ochii ei de un verde pătrunzător,moșteniți de la strămoșii săi gali,exprimau o curiozitate atentă și o dorință de cunoaștere.Cu părul lung și ondulat,de un blond-cenușiu, ce cădea peste umeri,și un zâmbet blând,Silvia părea o prezență liniștitoare în casa legatului.Deși viața ei era marcată de obligațiile impuse de statutul său de sclavă,Silvia nu pierduse niciodată dorința de a-și menține spiritul viu și sănătos.Principalele îndatoriri ale Silviei în gospodăria lui Quintus Tullius includeau pregătirea meselor, menținerea ordinii în locuință și îngrijirea micilor detalii care îi asigurau confortul legatului.Era pricepută în arta culinară, iar cunoștințele ei despre plantele aromatice și condimentele galo-romane îi permiteau să pregătească mâncăruri deosebite,chiar și cu ingredientele limitate disponibile în castru.Quintus Tullius aprecia atenția la detalii și calmul cu care Silvia își desfășura sarcinile,iar uneori o consulta cu privire la amestecurile de ierburi folosite pentru alinarea diverselor afecțiuni ale trupului.Pe lângă activitățile cotidiene,Silvia era și o bună ascultătoare.Fiind de încredere,îi fusese încredințat rolul de a aduce mesaje confidențiale sau de a asista legatul în momente de relaxare,cum ar fi citirea scrisorilor și pergamentelor primite de la Roma.Deși vorbea latinește cu ușurință,păstra un accent galo-roman ușor,care îi aducea un farmec aparte.Quintus Tullius îi respecta inteligența și o considera valoroasă,știind că tăcerea și discreția Silviei erau calități rare.În orele de liniște,Silvia găsea alinare în colțurile mai retrase ale locuinței,unde medita sau se reculegea,adesea invocând mental tradițiile și ritualurile galo-romane ale strămoșilor ei.În acest fel, își păstra vie legătura cu rădăcinile ei,chiar și într-o lume atât de diferită.De asemenea,nutrea o dorință tăcută de a înțelege cultura romană, așa că uneori își petrecea timpul cercetând pergamente și învățând despre istoria locurilor prin care ajunsese să trăiască.

Relația ei cu legatul Quintus Tullius era una de respect și încredere reciprocă.Deși statutul ei de sclavă nu i-ar fi permis să aspire la altceva,Silvia își păstrase integritatea și inteligența,demonstrându-și loialitatea nu doar prin îndatoririle zilnice,ci și printr-o disciplină interioară remarcabilă.În felul acesta,Silvia devenise o prezență indispensabilă pentru Quintus Tullius,un sprijin tăcut într-o lume de rigoare și ordine.Marcia,sclava personală a legatului Sextus Cornelius,era o tânără de o frumusețe modestă,dar de o eleganță interioară care îi atrăgea atenția oricui o observa.Originară din Grecia, fusese luată în sclavie în urma unei rebeliuni și adusă la Roma,iar mai târziu,transferată în serviciul Legiunii a X-a Gemina.Crescută într-o familie de învățați,Marcia avea o educație neobișnuită pentru o sclavă,fiind cunoscătoare de limbă greacă și latină,dar și de arte precum scrisul și cititul.Aceste abilități au fost recunoscute rapid de Sextus Cornelius,care a găsit în ea un sprijin intelectual și un ajutor de nădejde în îndeplinirea sarcinilor sale.Cu o statură zveltă,trăsături blânde și părul castaniu închis,Marcia avea o frumusețe aparte,una calmă și discretă.Ochii săi albaștri trădau o inteligență profundă și o melancolie specifică originilor sale elene.Era tăcută,dar mereu atentă,capabilă să anticipeze nevoile legatului Cornelius fără a-l deranja inutil.Această atitudine,combinată cu discreția și modestia sa,i-a adus un respect aparte din partea legatului,care aprecia răbdarea și dedicația ei.Marcia era responsabilă cu gestionarea pergamentelor,transcrierea documentelor și menținerea unei ordini stricte în spațiul de lucru al legatului.De asemenea,îi organiza corespondența,adesea asistându-l în redactarea scrisorilor oficiale și în traducerea documentelor importante din greacă în latină,o abilitate rară printre sclavi.Asta o făcea indispensabilă pentru Sextus Cornelius,care își petrecea mult timp planificând strategii și pregătind rapoarte pentru superiorii săi.În afara activităților administrative,

Marcia se ocupa și de micile detalii care țineau de confortul legatului: pregătirea băilor,menținerea hainelor de ceremonie și îngrijirea spațiului privat al acestuia.Deși viața sa era complet dedicată serviciului, găsea alinare în momentele rare când putea să citească sau să contemple în liniște gândurile și amintirile din Grecia natală.Relația ei cu Sextus Cornelius era una de respect profesional,dar și de o încredere tacită.Cornelius admira nu doar eficiența,dar și inteligența ei,iar Marcia știa că prezența sa avea o importanță vitală în structura rigidă a vieții de castru.Adesea,legatul îi cerea opinia în probleme administrative, iar Marcia,deși cu voce joasă și timidă,își exprima gândurile clar,demonstrând un simț acut de observație.Marcia păstra în sine un dor constant de libertate,un vis care, deși părea imposibil,îi întreținea focul interior.În ciuda situației sale,nu și-a pierdut identitatea greacă și își aminti mereu de rădăcinile sale.În colțurile ascunse ale reședinței,atunci când era singură,își amintea de poeziile lui Homer și de poveștirile eroice ale poporului său.Aceste momente intime îi ofereau refugiu și putere.Pentru Marcia,viața în serviciul lui Sextus Cornelius era o provocare,dar și o șansă de a-și menține demnitatea într-o lume constrânsă.Prin tăcerea ei și prin dedicarea totală fața de îndatoririle zilnice,ea devenise mai mult decât o simplă sclavă:era un sprijin de neprețuit,o figură discretă,dar indispensabilă în universul complicat al legatului.Prima era o sclavă loială în serviciul legatului Gaius Flavius,cunoscut pentru natura sa dură și strictă.Viața ei fusese definită de obediență și disciplină,calități care o ajutaseră să-și construiască o reputație de încredere în cadrul legiunii.Originară din Dacia,fusese capturată în timpul unei campanii militare și adusă la Roma ca sclavă.Provenea dintr-o familie de oameni simpli,dar curajoși, iar educația ei se concentra pe rezistență și muncă grea.Numele ei, „Prima," fusese dat de stăpânul ei,un simbol al devotamentului și al supunerii față de casa lui Flavius.Prima avea o înfățișare marcată de trăsături puternice și expresive.Părul ei negru și drept, legat întotdeauna la spate,și ochii ei întunecați îi confereau un aer de seriozitate,potrivit cu natura ei tăcută.Fața ei avea o frumusețe aspră,fără podoabe sau artificii,dar plină de demnitate.Statura ei era mai înaltă decât a multor femei,lucru care îi conferea un aspect impunător și îi facilita sarcinile fizice,necesare în rutina zilnică a reședinței legatului.Sarcinile Primei erau variate și solicitante.Se ocupa de întreținerea echipamentului legatului,curățând și lustruind armura și armele acestuia, astfel încât să fie mereu pregătite pentru inspecție. În afara acestor activități, îndeplinea sarcini casnice,asigurând ordinea și curățenia în spațiile private ale lui Flavius,care aprecia o reședință bine organizată și bine întreținută.Prima era cunoscută pentru îndemânarea cu care reușea să-și finalizeze munca fără prea mult zgomot sau bătaie de cap,ceea ce făcea ca prezența ei să fie subtilă și eficientă.Una dintre sarcinile ei preferate era grija față de caii legatului,pentru care dezvoltase o afecțiune specială.Prima avea un talent natural de a lucra cu animalele,iar Gaius Flavius o încredințase să se ocupe de aceștia.Caii deveniseră,astfel,un refugiu pentru ea,o sursă de liniște într-o lume de constrângeri și ordine.Deși nu îi era permis să vorbească prea mult,comunica prin gesturi și blândețe cu aceste animale,reușind să le câștige încrederea.În relația cu legatul,Prima păstra o atitudine respectuoasă și formală.Nu îl provoca și nu cerea nimic;era tăcută și umilă,dar eficientă,iar Gaius Flavius o considera una dintre cele mai valoroase sclavi ale sale,datorită competenței și discreției sale.Totuși,în adâncul sufletului,Prima nutrea o dorință de libertate și independență, amintindu-și de vremurile când trăia liberă în Dacia.Fiecare zi era pentru Prima o lecție de adaptare și reziliență. Își acceptase soarta,dar își păstrase o fărâmă de speranță,un gând ascuns că într-o zi poate va reveni la locurile natale.În momentele de liniște,când avea câteva clipe doar pentru ea,se retrăgea în colțuri ascunse ale grajdurilor,unde putea visa la trecutul său și la viața care,cândva,i-ar putea aparține din nou.În acest fel,Prima trăia,o prezență modestă,dar indispensabilă,un suflet puternic într-o lume ce nu cunoștea libertatea.Vibia era sclava personală a legatului Lucius Crassus,un om sever,cunoscut pentru răceala și autoritatea cu care își conducea oamenii.Viața Vibiei fusese marcată de o serie de întâmplări dure care o aduseseră în serviciul acestui legat.Originară din peninsula iberică,Vibia fusese capturată în timpul unei campanii de expansiune romană,iar energia și spiritul ei vibrant din tinerețe erau acum ascunse în spatele unei fețe calme,ce trăda mai multe decât arăta.Timpul petrecut în Roma și experiențele din castrul legionar o transformaseră într-o sclavă discretă,eficientă și capabilă.Vibia avea o frumusețe naturală și exotică,specifică regiunii iberice.Pielea ei măslinie,părul lung și negru,ondulat, și ochii ei de un căprui intens atrăgeau privirile celor din jur, iar prezența ei era plină de o eleganță reținută.Deși fizic mai robustă,avea o grație a mișcărilor,un echilibru și o blândețe aparentă care îi conferiseră o reputație pozitivă

printre ceilalți sclavi și chiar printre soldați.Cu toate acestea,Vibia evita să atragă atenția asupra sa,concentrându-se să-și îndeplinească îndatoririle cu o precizie aproape militară.Responsabilitățile Vibiei erau diverse și solicitante,ea fiind însărcinată să se ocupe de ordine și curățenie în reședința legatului,să pregătească mesele și să întrețină hainele de ceremonie ale acestuia.Printre îndatoririle sale se numărau și păstrarea pergamentelor și organizarea spațiului de lucru al legatului,având grijă ca totul să fie în ordine și accesibil atunci când Lucius Crassus avea nevoie de ele.Vibia era atentă și la detalii,reușind mereu să anticipeze nevoile legatului,chiar și în momentele de stres,când el devenea și mai sever.Legatul Crassus,deși distant,avea încredere în capacitățile Vibiei,iar asta o făcea să se simtă apreciată,chiar dacă în tăcere.Deși relația lor era strict profesională,Vibia cunoștea rutina și tabieturile legatului aproape instinctiv,iar asta contribuia la o atmosferă de lucru stabilă.Lucius Crassus era adesea preocupat de îndatoririle sale militare și rareori avea timp de socializare sau discuții inutile,lucru care îi convenea Vibiei, deoarece îi permitea să-și facă treaba fără presiunea unor cerințe suplimentare.În rarele momente de liniște,când avea puțin timp liber,Vibia obișnuia să se retragă într-un colț retras al grădinilor sau să admire cerul nocturn.Se simțea apropiată de natură,iar acele clipe îi ofereau un moment de escapism,de conectare cu sine și de reamintire a originilor sale.Visurile ei erau tăcute,dar persistente,dorința de a-și recăpăta independența și de a trăi liber,la fel ca în copilărie.Vibia rămânea o sclavă loială,disciplinată,dar în spatele acestei figuri tăcute și devotate,inima ei păstra o putere și un dor nestins după libertate.Deși era conștientă de realitatea vieții sale și de faptul că probabil nu va vedea din nou meleagurile natale,spiritul ei rămânea viu,o lumină interioară care o făcea să persevereze și să își păstreze demnitatea într-o lume care nu-i oferea altceva.Claudia era o sclavă tăcută și dedicată,aflată în serviciul legatului Decimus Flaccus,un om de o severitate notabilă,dar și de o eficiență admirabilă în câmpul de luptă.Venind dintr-o familie simplă din sudul Italiei,Claudia fusese capturată în urma unei revolte de sclavi și adusă la Roma,unde viața ei a fost transformată complet.Numele ei,Claudia,era dat mai mult din obicei decât dintr-o alegere personală,fiind destul de comun în rândul sclavilor din acea perioadă.Cu toate acestea,Claudia nu avea nimic dintr-o simplă sclavă,nu era doar o muncitoare disciplinată,ci și o femeie cu o sensibilitate aparte,care găsea frumusețea în lucruri simple și o liniște profundă în îndeplinirea îndatoririlor sale.Claudia era o femeie de statură medie,cu trăsături delicate și o frumusețe discretă.Părul ei castaniu,adesea prins într-un coafură simplă, îi încadra fața ovală, iar ochii, de un verde palid, reflectau o seriozitate și o melancolie ce o făceau să pară adesea că ascunde mai multe decât își dădea voie să exprime.Pielea ei de o nuanță de măslin trăda originile sale italiene,iar mișcările ei erau grațioase, dar economicoase,fiecare acțiune având o eficiență inerentă.Într-un mod aproape imperceptibil,Claudia era atentă la fiecare detaliu al vieții zilnice,iar munca ei nu se limita doar la îndeplinirea sarcinilor,ci și la anticiparea nevoilor legatului Decimus Flaccus.În fiecare dimineață, înainte de răsărit,Claudia își începea ziua cu îngrijirea echipamentului legatului, lustruind armura și armele acestuia cu o grijă aproape reverențioasă.Apoi,se asigura că mesele erau pregătite cu strictă ordine,având grijă ca Decimus Flaccus să primească tot ceea ce îi era necesar pentru a începe o zi lungă de muncă și strategii.În plus,Claudia se ocupa de menținerea unui spațiu de lucru impecabil,pregătind documentele,și organizând corespondența,o sarcină care necesită atenție și precizie.Deși viața ei era marcată de o rutină stabilită,Claudia reușea să se adapteze cu fiecare schimbare, oferind întotdeauna sprijin în mod constant și eficient.Legatul Decimus Flaccus era un om ce prețuia ordinele stricte și disciplina,iar Claudia devenise o piesă esențială în acest sistem.Deși nu exista o legătură de prietenie între ei,relația lor era bazată pe respectul reciproc.Claudia își îndeplinea fiecare sarcină cu tăcere și eficiență,iar Flaccus o aprecia pentru faptul că nu întreba niciodată prea multe și nu făcea niciun fel de greșeli.Părea că fiecare mișcare a ei era bine gândită,fiecare gest era perfect sincronizat cu necesitățile legatului.De multe ori,legatul nici măcar nu simțea nevoia să-i vorbească;știa că,indiferent de situație,Claudia va îndeplini fiecare sarcină fără a cere ceva în schimb.Deși viața ei era marcată de supunere și muncă grea,Claudia își păstra în interior o fărâmă de independență.În momentele rare de liniște, când își termina sarcinile și nu era observată,își retrăgea privirea într-un colț mai liniștit al castrului.Acolo,ascunsă de ochii celorlalți,visând cu ochii deschiși,își aminti de familia sa și de locurile natale.Își imagina cum ar fi fost viața ei dacă ar fi fost liberă,o viață în care nu ar fi fost constrânsă să-și dedice întreaga existență altcuiva.Însă,în ciuda acestor gânduri,știa că nu avea să fie niciodată posibil,iar singura ei cale era să-și îndeplinească datoria,cu demnitate și răbdare.Claudia era o simbol al reziliențeiîntr-o lume care nu avea nici un loc pentru visuri sau speranțe.Deși sclavă,ea reușea să își păstreze umanitatea și demnitatea,iar fiecare zi în care își făcea datoria era o mică victorie asupra soartei care i-a fost impusă.

Capitolul 4.Închisorile Imperiului Roman

În Imperiul Roman,închisorile erau folosite mai degrabă ca locuri de detenție temporară pentru prizonieri în așteptarea procesului,pedepsei,sau pentru prizonierii de război capturați în timpul expansiunii imperiului.Aceste închisori,cunoscute sub numele de carcer,erau adesea simple încăperi întunecate și insalubre,în care condițiile de trai erau extrem de dure. Prizonierii erau de obicei legați,ținuți în condiții de umiditate și lipsă de igienă,iar mâncarea era minimă,oferită doar pentru a-i menține în viață până când se decidea soarta lor.Prizonierii aduși în Imperiul Roman proveneau din numeroase teritorii cucerite,precum Galia,Dacia,Britania,Grecia,și Egipt,dar și din regiunile Orientului Mijlociu.O parte dintre aceștia erau considerați prea periculoși pentru a fi integrați în structura socială romană și erau închiși sau condamnați la moarte.Alții,mai ales cei cu trăsături fizice sau aptitudini speciale,erau transformați în sclavi și vânduți în piețele romane pentru a servi diferitelor clase sociale sau instituții ale Imperiului.O categorie aparte de prizonieri era formată din gladiatori,oameni folosiți pentru divertismentul public prin luptele de arenă.Închisorile romane aveau de regulă mai multe camere sau celule în care prizonierii erau distribuiți în funcție de proveniență,vârstă sau rezistență fizică.Una dintre cele mai temute și dure închisori din Roma era Mamertinum,situată sub Capitoliu,în apropierea Forumului Roman.Mamertinum era un loc întunecat,rece și umed,folosit în special pentru liderii rebeliilor și pentru prizonierii considerați periculoși, captivi care își așteptau execuția.

Prizonierii de război,capturați din diverse bătălii,erau un element important în structura societății romane,fiind folosiți în moduri variate:ca forță de muncă ieftină sau ca spectacol în amfiteatre.Datorită provenienței lor din teritorii variate,prizonierii aduși în Imperiul Roman aveau o diversitate culturală și lingvistică,aducând laolaltă oameni de la celți și gali la daci și egipteni.Această diversitate nu era doar o sursă de muncă și de distracție pentru romani,ci și un mijloc prin care aceștia își consolidau puterea,arătându-și supremația prin dominarea unor popoare întregi.Cei considerați utili erau adesea transformați în sclavi și distribuiți în gospodăriile nobililor romani, în mine sau la construcția drumurilor,apeductelor și altor structuri publice.Alți prizonieri erau forțați să muncească în cariere sau să lupte în arenă ca gladiatori,pentru divertismentul populației.În cazul prizonierilor condamnați la muncă grea,ei erau adesea trimiși în minele de aur sau argint,precum cele din Hispania sau din Dacia,unde condițiile de muncă erau insuportabile,iar rata de supraviețuire era extrem de mică.Prizonierii mai puțin norocoși erau trimiși în arenele de gladiatori sau supuși la pedepse publice.Spectacolele cu gladiatori,foarte populare în Roma,erau o formă de divertisment public prin care romanii își satisfăceau nevoia de a vedea măreția și dominația Imperiului.În cadrul acestor spectacole,prizonierii se luptau până la moarte fie între ei,fie cu animale feroce.Printre cei mai faimoși sclavi,proveniți din diverse colțuri ale imperiului,s-au aflat câțiva prizonieri care și-au câștigat renumele prin puterea lor fizică și determinarea de a supraviețui în ciuda greutăților.

Valeria - O femeie captivă originară din Galia,Valeria a fost o războinică capturată în timpul campaniilor lui Caesar.Fiind cunoscută pentru curajul și forța ei,Valeria a fost inițial destinată muncii în carierele de piatră din apropierea Romei,dar rapid a fost remarcată de un proprietar de gladiatori,care a transformat-o în gladiatoare.Deși rareori femeile erau utilizate în arenă, Valeria a devenit o senzație printre spectatori datorită abilităților ei,iar povestea ei a fost folosită pentru a alimenta legenda romanilor despre supunerea galilor.

Talia - Originară din Dacia, Talia a fost o prizonieră luată în timpul campaniilor împotriva dacilor.Ea a ajuns să fie cunoscută pentru rezistența sa fizică și inteligența cu care se adapta la orice mediu. Datorită talentului ei de a lucra cu animale,ea a fost desemnată să lucreze în grajdurile unei familii romane importante,unde era responsabilă de caii folosiți în cursele publice.Forța ei fizică și priceperea în domeniul animalelor au făcut-o respectată printre ceilalți sclavi.

Nisria - O femeie egipteană,Nisria a fost capturată în Egipt și adusă la Roma.Avea o frumusețe exotică,dar și o rezistență fizică remarcabilă, lucru care a dus la distribuirea sa la munca grea din construcții. Nisria a lucrat la ridicarea unor edificii publice în Roma și a fost remarcată pentru anduranța deosebită,fiind adesea supranumită „femeia de piatră" de către colegii săi sclavi și de către supraveghetori.

Arius - Un sclav din Britania,Arius era un bărbat masiv și puternic, capturat în timpul revoltelor din Britania.A fost folosit în principal ca gladiator,iar forța și rezistența sa l-au făcut unul dintre cei mai populari luptători din arenă.Cunoscător al tacticilor de luptă tradiționale ale britanilor,Arius a reușit să-și câștige locul printre favoriții publicului roman, deși pentru el această viață era o condamnare brutală.

Leontius - Originar din Grecia, Leontius a fost capturat în timpul războaielor de cucerire a Macedoniei.Cunoscut pentru inteligența sa și forța fizică,a fost repartizat la muncile de construcție a drumurilor romane. Abilitățile sale de organizare și comunicare l-au făcut respectat și temut printre ceilalți sclavi și chiar între supraveghetori,care uneori apelau la el pentru a menține ordinea.

Varus - Provenind din Dacia, Varus a fost capturat și utilizat pentru muncile de extragere a aurului în minele din Dacia.

Avea o rezistență neobișnuită la condițiile aspre din mină,și curajul lui i-a inspirat și pe ceilalți sclavi să reziste.Varus a devenit o figură simbolică în rândul prizonierilor daci din mină,fiind cunoscut ca unul dintre cei mai puternici sclavi din acea regiune.Acești prizonieri și sclavi puternici au rămas în amintirea colectivă pentru curajul și rezistența lor în fața oprimării romane,chiar și în condițiile celor mai dure închisori și munci.Într-o lume în care prizonierii de război erau reduși la simple instrumente de muncă și spectacol,ei au reușit,prin tenacitatea lor,să își mențină o urmă de demnitate și identitate,simbolizând rezistența și umanitatea în fața puterii absolute a Imperiului Roman.În întunericul închisorii,unde gladiatorii își petreceau nopțile în celule reci și întunecate,zgomotul vântului și sunetele îndepărtate ale Romei se amestecau cu vocile lor joase.Arius,Leontius și Varus,fiecare cu o poveste diferită și o povară adâncă,se sprijineau de pereții reci,vorbind în șoaptă despre trecuturile lor,despre cum au ajuns în acest loc și ce sperau, poate în secret,să le aducă viitorul.

Arius:(râzând amar)
-Cine și-ar fi închipuit că o să ajung aici,un sclav în Roma? Când eram în Britania,mă gândeam că soldații romani sunt doar niște fantome din povești.Dar acum...sunt un spectacol pentru ei.Ei vin aici să vadă cum noi murim pentru distracția lor.
Leontius:(cu o voce blândă, dar hotărâtă)
-Am crezut și eu la fel,Arius.Nu am fost un războinic ca tine,dar Roma a adus și în Grecia aceleași suferințe.Eu eram doar un om liber,făceam negoț cu vinuri în portul din Atena.Dar am fost prins într-o dispută...m-am revoltat împotriva unui funcționar roman care încerca să mă jupoaie de bani pentru fiecare butoi.Am fost acuzat de trădare și capturat.
Varus:(clătinând din cap)
-Eu am luptat împotriva romanilor în Dacia.Știam că vor veni după aurul nostru și am luptat cot la cot cu tribul meu.Am pierdut.Nu eram pregătiți pentru armura și armele lor.Ei,bine,nici nu au avut milă,după cum puteți vedea...Ne-au capturat pe toți cei care am supraviețuit și ne-au trimis în minele lor.Dar eu am fost ales pentru arenă.Se spune că suntem cei mai puternici dintre sclavii lor...
Arius:(cu o privire tăioasă)
-Puternici? Poate.Dar niciunul dintre noi nu și-a dorit viața asta.Ne-au adus aici pentru că le place să vadă sânge.În Britania,eram liber.Luptam doar ca să-mi apăr pământul,să-mi apăr tribul.Dar aici? Aici lupt pentru supraviețuire.
Leontius:
-Dar ai simțit vreodată...o formă de putere? Chiar și așa,prizonieri cum suntem? În arenă,când te lupți,poți să simți din nou că ești tu însuți,că poți înfrunta destinul?
Arius:(își întoarce privirea)

-Putere? Poate pentru o clipă,Leontius.Dar apoi îți aduci aminte unde ești,cine sunt cei care ne privesc.Nu suntem eroi pentru ei;suntem doar carne de tun,niște distracții ieftine.

Varus:(cu voce gravă)

-Pentru mine,fiecare luptă este o șansă să-i sfidez.Știu că se tem de noi,chiar și așa,înlănțuiți.Ei își spun că romanii sunt cei puternici,dar se tem de ceea ce am putea deveni dacă am fi liberi.În acest moment,un alt gladiator dintr-o celulă apropiată,numit Syrus,intervine,vocea lui aspră răsunând printre zidurile de piatră.

Syrus:

-Eu am fost gladiator dintotdeauna.N-am cunoscut altceva.Am fost luat de mic copil dintr-un sat din Siria.N-am avut nici măcar șansa voastră de a fi un om liber,nici măcar pentru o clipă.

Leontius:(cu o voce plină de milă)

-Așa au făcut și cu mulți din satul meu,Syrus.Dar cum supraviețuiești aici? Ce îți dă puterea să lupți în continuare?

Syrus:
-Am învățat să nu mă mai gândesc la viitor,să nu mai visez.Lupt pentru că este tot ce cunosc,și pentru că,în arenă,chiar dacă este pentru o clipă,am control asupra propriei mele vieți.
Arius:-Și totuși...nu simți vreodată că poate exista o scăpare? Că poate,într-o zi,te vei elibera?
Varus:(oftează)
-Eu cred că șansa noastră nu este în eliberare,ci în ce facem aici,în timpul luptelor noastre.Dacă vom muri,să murim ca războinici adevărați,nu ca spectacolul lor.
Leontius:(cu o lumină în ochi)
-Și totuși...poate că într-o zi vom găsi o cale.Eu încă sper.Știu că pare o nebunie,dar sper.Poate că împreună,cu puterea și curajul nostru,putem găsi un moment în care să evadăm,să ne facem dreptate.Discuția lor este întreruptă de sunetul greu al pașilor unui gardian roman,care vine să-i avertizeze că vor fi chemați la antrenamente în zori.Fiecare gladiator își găsește locul în celula lui,lăsându-se copleșit de gândurile și temerile proprii

Arius, Varus și Leontius știu că vor avea din nou de luptat a doua zi și că fiecare zi poate fi ultima. Dar acum, după această conversație, în fiecare dintre ei răsare o nouă determinare, chiar și o scânteie de solidaritate, un lucru rar în viața singuratică și brutală a unui gladiator roman. În dimineața rece, gladiatorii sunt scoși din celulele lor unul câte unul, iar lumina palidă a zorilor abia dacă le dezvăluie chipurile. Arius, Leontius, Varus și ceilalți gladiatori se aliniază în curtea antrenamentului, sub privirile necruțătoare ale instructorilor romani, cunoscuți drept doctores. Acești instructori, foști gladiatori sau soldați, sunt responsabili de antrenarea prizonierilor pentru arene și știu că o zi de luptă înseamnă bani, dar și renume. Doctorul Crispus, un veteran cu o privire rece și cicatrici adânci, merge încet printre gladiatori, inspectându-i.

Crispus: (cu vocea răgușită)

-Ascultați bine, astăzi nu e o zi de pierdut vremea! Fiecare mișcare pe care o faceți e pentru supraviețuire. Dacă vreți să trăiți să vedeți următorul răsărit, ascultați și faceți ce vă spun!

Gladiatorii privesc înainte,iar în ochii lor se poate citi frustrarea și disperarea.Crispus le aruncă fiecăruia armele cu care să se antreneze.Arius primește o sabie grea,pe care o apucă cu o forță ce îi trădează experiența,în timp ce Leontius ia o suliță,iar Varus o armură ușoară și un scut de lemn.
Crispus:
-Arius! Arată-mi cum lupți cu sabia! Nu mă dezamăgi,britanule! Leontius,vezi dacă poți arunca sulița fără să mă faci de râs! Varus,arată-mi că merită să te păstrez în viață! Fiecare gladiator începe să execute mișcările specifice antrenamentului.Crispus îi privește atent,evaluându-le abilitățile și slăbiciunile.
Arius (își strânge mânerul sabiei și atacă o țintă de lemn,executând lovituri precise):
-Asta e pentru fiecare soldat roman care a luat tot ce aveam acasă... (suflă greu după fiecare lovitură).
Leontius (ridică sulița și,cu o respirație controlată,o aruncă spre o țintă îndepărtată,nimerind aproape de centru):
-Mi-am perfecționat aruncarea în Atena,în jocurile de tineret.Nu voi rata nici aici...Varus (într-o poziție defensivă,ridică scutul și se pregătește de atac,respingând loviturile unui alt gladiator în timpul unui exercițiu):
-Dacă am învățat ceva din luptele cu voi,e că trebuie să înfrunți atacul și să nu te temi.Pe măsură ce antrenamentul avansează,Arius,Leontius și Varus se remarcă prin determinare și putere.Dar în spatele fiecărei mișcări se simte o furie reținută,un sentiment de răzvrătire mocnită împotriva celor care i-au adus aici.Ceilalți gladiatori îi privesc cu respect,știind că acești trei bărbați au un scop mai mare decât simpla supraviețuire în arenă.
Syrus (din marginea terenului de antrenament,șoptește către Varus):

-Hei,dacule! Îți arăți furia,dar ai grijă...cei ca noi nu au voie să aibă sentimente.

Varus:(își șterge fruntea de transpirație,răspunzând în șoaptă)
-Ba da,Syrus. Când va veni ziua,ne vom folosi furia.Și vom lupta nu doar pentru viața noastră,ci și pentru cei pe care i-am pierdut.La finalul antrenamentului,Crispus îi strânge pe toți în jurul său.Privirea sa dură se îndreaptă către fiecare în parte.

Crispus:
-Ați reușit să supraviețuiți încă o zi de antrenament.Mâine veți înfrunta arena,dar să nu uitați,niciodată, cine sunteți acum.Sunteți proprietatea Romei,și dacă veți uita asta,vă va costa viața.În acea clipă,Arius privește spre Varus și Leontius.Nu mai sunt doar trei gladiatori.Sunt trei bărbați care,dincolo de fierul și lanțurile care îi țin,împărtășesc aceeași sete de libertate. Antrenamentul zilei le-a întărit hotărârea.Și poate,într-o bună zi,vor găsi o cale să-și recapete libertatea pierdută.

În fiecare dimineață,Gladiatorii erau treziți la răsăritul soarelui și duși în curtea de antrenament.Ei erau împărțiți în grupuri, în funcție de abilitățile lor fizice și strategia de luptă la care urmau să fie instruiți.Gladiatorii se împărțeau în diferite categorii,fiecare cu un stil unic de luptă,echipament specific și tehnici caracteristice:

Murmillo – cunoscut pentru casca mare cu creastă,scutul pătrat și sabia gladius.Murmillo era bine protejat și antrenat pentru un stil de luptă agresiv și defensiv.

Thraex – inspirați de războinicii traci,acești gladiatori purtau o cască cu vizieră și se foloseau de un scut mic și o sabie scurtă,dar curbată.

Retiarius – fără armură grea, acești gladiatori aveau doar o plasă și un trident, bazându-se pe agilitate și viteză pentru a-și învinge adversarul.

Amazon – pentru femeile gladiator, acest stil simboliza o combinație de viteză și forță, adesea luptând cu săbii ușoare și pumnale.

Timp de săptămâni, bărbații și femeile s-au supus antrenamentelor intense.Erau instruiți în mânuirea armelor,evitarea atacurilor și folosirea avantajelor arenei.Lanistae erau nemiloși,și fiecare eșec era pedepsit sever,disciplinarea constantă le amintea gladiatorilor că viețile lor erau acum în mâinile Romei.

Capitolul 5.Gladiatorii

În ziua marii lupte,soarele arde necruțător peste arena din Roma,înconjurată de mii de spectatori care aclamă și strigă cu sete de sânge.Arius,Leontius,Varus și ceilalți gladiatori stau în umbra porților mari de piatră,așteptând sunetul clar al trompetelor care anunță începutul spectacolului.Ei știu că nu există întoarcere:arena este locul în care se vor dovedi pe ei înșiși sau unde își vor găsi sfârșitul.Sunetul trompetelor răsună,iar porțile masive se deschid,lăsând să pătrundă o lumină orbitoare și zgomotul tumultuos al mulțimii.Arius,Leontius și Varus pășesc înainte cu pași siguri,dar ochii le sunt plini de determinare și furie

La semnalul magistratului,gladiatorii ridică armele și avansează în centrul arenei,întâmpinați de adversarii lor,sclavi antrenați să ucidă,toți provenind din colțuri diferite ale Imperiului.Prima luptă începe cu un răget asurzitor al mulțimii.Arius se avântă către primul adversar,un uriaș germanic cu o suliță grea,care încearcă să-l doboare dintr-o lovitură puternică.Arius reușește să se ferească la timp,ridicând scutul și balansându-și sabia pentru a lovi,cu mișcări precise și mortale. Cu o lovitură laterală,reușește să-l dezechilibreze pe germanic și să-i răstoarne sulița.Fără ezitare,Arius lovește cu toată forța și își înfige sabia adânc în pieptul adversarului,răsuflând greu,dar triumfător.Între timp,Leontius se confruntă cu doi oponenți deodată:un trac și un numid.Leontius își păstrează calmul și se folosește de sulița sa lungă pentru a ține la distanță atacurile,rotindu-se rapid pentru a respinge loviturile.Tracul se repede către el,iar Leontius îl lovește în plin cu sulița,reușind să-i blocheze înaintarea și să-l doboare.Numidul își ridică sabia pentru a-l lovi din spate,dar Leontius,alert și concentrat,se întoarce brusc și înfige sulița în adversar cu o precizie de neegalat,câștigând aplauzele freneticilor spectatori.

La capătul arenei,Varus se află într-o luptă brutală cu un gladiator din Gallia,un bărbat masiv și înfiorător de puternic.Varus,echipat cu o armură ușoară și un scut,încearcă să-l prindă pe gal,care lovește puternic,determinat să-l doboare.Scutul lui Varus se crăpa sub loviturile puternice,dar Dacul continuă să reziste,blocând și contraatacând cu lovituri precise.Într-un moment de slăbiciune al adversarului,Varus își ridică scutul pentru ultima oară,iar cu sabia sa,reușește să taie în lateral,doborându-l pe gal într-o singură mișcare fulgerătoare.Luptele continuă ore în șir,pe măsură ce fiecare gladiator se confruntă cu noi provocări și noi adversari.Pe rând, Arius,Leontius și Varus își croiesc drum prin mulțimea de inamici,folosindu-se de fiecare abilitate dobândită,de fiecare strategie învățată sub antrenamentele dure ale instructorilor lor.Mișcările lor sunt precise și grațioase,iar fiecare lovitură pare calculată să le maximizeze șansele de supraviețuire,dar și să-i impresioneze pe cei din tribună.Spre finalul zilei,toți trei rămân în picioare.Arena este acum plină de urlete și aplauze.Mulțimea îi aclamează cu o admirație sălbatică,iar fețele lor sunt acoperite de praf și sânge.În ciuda oboselii,își țin capetele sus,știind că au câștigat pentru încă o zi libertatea de a trăi.Privindu-se unul pe altul,își dau seama că,în acea arenă,au devenit nu doar supraviețuitori,ci și o forță de temut.Varus,provenit din Dacia,era un bărbat solid,cu o constituție robustă și o rezistență fizică excepțională,care i-a permis să supraviețuiască în condițiile deosebit de dure ale muncii în minele de aur.A fost capturat de romani în timpul cuceririi Daciei,când rezistența aprigă a triburilor dacice nu a fost suficientă pentru a împiedica expansiunea romană.La fel ca mulți alți prizonieri,Varus a fost trimis în adâncurile pământului să extragă prețiosul aur care alimenta ambițiile Imperiului Roman.Trecerea de la libertatea dealurilor daco-geților la întunericul sufocant al minelor

a fost o transformare brutală pentru el,dar și pentru spiritul său liber,care refuza să cedeze în fața suferinței.Varus se remarca nu doar prin forța sa fizică,ci și prin curajul neclintit cu care făcea față oricărei zile de muncă.Într-o atmosferă plină de frică și disperare,el reprezenta pentru ceilalți o rază de speranță și un model de rezistență.Eforturile epuizante și pericolele din mină,unde prăbușirile și lipsa aerului curat erau o constantă,îi măcinau pe mulți dintre sclavi,dar Varus reușea să continue zi de zi.În fața acestor provocări,curajul și determinarea sa erau molipsitoare.Adesea,în pauzele scurte,Varus își încuraja tovarășii,vorbind despre puterea sufletului dac și despre amintirea locurilor natale care le dădeau tuturor tăria de a îndura.Varus devenise astfel o figură emblematică în rândul prizonierilor din mină,fiind cunoscut ca unul dintre cei mai puternici și rezistenți sclavi din acea regiune.Nici supraveghetorii romani nu puteau ignora influența sa,iar unii dintre ei priveau cu respect această forță umană neobișnuită,deși se temeau de potențialul său de a inspira o revoltă.Varus era conștient de aceste temeri și,deși avea impulsuri de răzvrătire,înțelesese că supraviețuirea și unitatea erau cele mai importante pentru colegii lui, care aveau nevoie de un lider în aceste momente de încercare.În mină,Varus își împărțea experiențele cu ceilalți,povestind despre pământurile natale și despre libertatea pe care o avuseseră odată.În vocea lui era un amestec de nostalgie și de hotărâre,iar cei care îl ascultau se simțeau mai puternici și mai uniți.Încetul cu încetul,speranța și rezistența pe care le insufla prindeau rădăcini în sufletele prizonierilor,transformându-l pe Varus într-un simbol al demnității daco-geților,în ciuda asprimii vieții de sclav.Deși nu vorbea despre evadare,Visul libertății trăia în inima sa,iar Varus aștepta momentul potrivit,pregătit să-și recapete,poate,într-o zi, viața pierdută.Până atunci,continua să își facă datoria față de ceilalți prizonieri prin simpla prezență și exemplul său de voință și putere.În întunericul minei,Varus era o lumină constantă,o dovadă că spiritul dacic nu putea fi cu adevărat înfrânt,chiar și sub povara sclaviei și a opresiunii romane.Arius,un sclav originar din Britannia,era un bărbat cu o constituție impresionantă,ce inspira teamă și respect deopotrivă.

Era masiv,cu umeri lați și brațe groase,iar corpul său era marcat de ani întregi de lupte intense și de cicatricile adânci ale arenelor romane.Pielea sa era de un ton mai deschis,specific poporului său,iar ochii săi verzi,pătrunzători,arătau o hotărâre de neclintit.Capturat în timpul revoltelor din Britannia,când triburile celtice încercaseră să reziste expansiunii romane,Arius fusese unul dintre războinicii care se opusese cu îndârjire legiunilor romane.Rezistența lui și felul în care manevra armele aveau să-i asigure,fără voie,un nou destin.După capturare,viața lui Arius luase o turnură brutală:fusese vândut ca sclav și obligat să intre în arenele de gladiatori,un loc unde forța brută și abilitatea de luptă erau singurele modalități de supraviețuire. Experiența lui ca războinic celt îl făcuse să fie remarcabil printre ceilalți gladiatori;tactica de luptă a britanilor,bazată pe viteză și pe forță explozivă,era neobișnuită pentru romani,iar publicul găsea această abordare exotică și captivantă.În ciuda faptului că viața lui fusese redusă la o serie de bătălii sângeroase pentru amuzamentul romanilor,Arius reușise să-și câștige un statut de favorit în rândul spectatorilor,datorită atât forței sale extraordinare,

,cât și rezistenței sale de nezdruncinat.În arenă,Arius se prezenta ca un luptător redutabil,iar forța sa nu era doar fizică,ci și mentală.Își păstrase amintirile despre Britannia,despre libertatea de care se bucurase înainte și despre bătăliile pe care le purtase nu pentru distracție,ci pentru a-și apăra oamenii și pământul.În fiecare luptă din arenă,părea să-și canalizeze amintirile și mânia în atacuri necruțătoare,determinat să lupte până la ultima suflare.Chiar dacă își câștigase popularitatea,nu o considera o onoare,ci mai degrabă o altă formă de captivitate,unde viața sa depindea de aplauzele mulțimii și de clemența arbitrară a stăpânilor.În afara arenei,Arius era taciturn și rezervat,preferând compania propriilor gânduri.Avea puțini prieteni printre ceilalți gladiatori,dar pentru cei care îl cunoșteau,Arius era un om de încredere și loial,un luptător care respecta codul onoarei,chiar și într-un loc unde morala era deseori uitată.Își folosea timpul liber pentru a se antrena și mai mult,înțelegând că singura sa șansă de a supraviețui în acest coșmar era să fie mai puternic și mai abil decât orice adversar care îi apărea în față.Arius nu-și pierduse speranța de a găsi o cale de a scăpa.În taină,visul libertății îl ajuta să reziste și să îndure fiecare bătălie,fiecare lovitură și fiecare zi în plus petrecută sub stăpânirea romanilor.Spiritul său rămânea neînfrânt,iar acest lucru îl făcea deopotrivă un adversar temut și o legendă a arenei.Leontius,originar din Grecia,purta cu sine moștenirea unei țări renumite pentru filozofie și războinici,iar acest amestec se regăsea în firea și în modul său de a se purta.Fusese capturat în timpul războaielor de cucerire a Macedoniei,când armata romană subjugase pământurile grecilor.Tânăr și puternic,Leontius era înzestrat cu o inteligență practică,dar și cu o forță fizică impunătoare,calități care l-au făcut remarcat și,poate,i-au salvat viața.În loc să fie trimis în arenele de gladiatori,el a fost repartizat la muncile de construcție a drumurilor romane, o sarcină grea,dar care îi oferea,în felul său,un scop.De la început,Leontius s-a remarcat printre ceilalți sclavi prin priceperea și simțul organizatoric cu care aborda sarcinile zilnice.Pentru el, fiecare sarcină era o provocare pe care o întâmpina cu stoicism, dar și cu o determinare demnă de un soldat.A observat rapid că lucrul în echipă

era esențial în construcția drumurilor,iar organizarea eficientă putea aduce atât o oarecare ușurare în munca grea,cât și câteva clipe de odihnă pentru toți.Așa că,fără a fi formal recunoscut,Leontius devenise un lider tăcut al celorlalți sclavi,îndrumându-i și ajutându-i să-și distribuie efortul mai bine.Capacitatea sa de comunicare și respectul pe care îl câștigase printre ceilalți sclavi l-au făcut să fie respectat nu doar de colegii săi, ci și de supraveghetori, care începuseră să-l privească drept o figură de autoritate.Mulți dintre supraveghetori preferau să evite confruntările directe și apelau la Leontius pentru a-i ajuta să mențină ordinea și disciplina.Leontius,deși nu era de acord cu soarta sa, înțelesese că acceptând această poziție informală,putea asigura un minim de siguranță și stabilitate pentru ceilalți sclavi.În loc să privească autoritatea ca pe o oportunitate de a controla,el vedea în acest rol o responsabilitate față de cei aflați în aceeași situație dificilă.În afara muncii fizice epuizante,Leontius își păstra momentele de liniște pentru a reflecta la zilele când era liber în Grecia.Amintirea acelor vremuri îi dădea puterea de a merge mai departe,dar și o înțelegere profundă asupra valorii libertății.În unele seri,Leontius povestea despre cultura și filozofia grecilor,captând atenția sclavilor care se adunau să-l asculte,atrași de cunoștințele și de calmul său profund.În acele momente,el redevenea pentru scurt timp acel grec mândru,un om care înțelegea bine nu doar suferința,ci și speranța.
În adâncul sufletului,Leontius își păstra un vis secret:acela de a evada și de a se întoarce în patria sa.Dar până atunci,acceptase să-și trăiască zilele cu demnitate,făcând ceea ce știa mai bine,să organizeze,să conducă și să ofere un exemplu de curaj celor din jurul său.Spiritul său neînfrânt îl făcea respectat și temut deopotrivă,un simbol al rezistenței tăcute în fața unui destin implacabil.

Syrus era un bărbat robust,cu o forță fizică impresionantă și un calm tăcut,care părea să trădeze o acceptare amară a sorții sale.Cu pielea închisă la culoare și cicatrici ce îi marcau corpul puternic,el purta în ochi o expresie intensă,o mărturie a nenumăratelor lupte pe care le purtase încă de la o vârstă fragedă.Deși era cunoscut ca un gladiator neînfricat,trecut prin bătălii crâncene,el avea o poveste dureroasă, pe care doar puțini o cunoșteau.

-Eu am fost gladiator dintotdeauna,obișnuia să spună Syrus,cu o voce calmă, aproape resemnată.

-N-am cunoscut altceva.Originar dintr-un sat din Africa,fusese răpit de mic și vândut ca sclav în Siria,unde un negustor bogat l-a trimis să fie antrenat ca gladiator.Acolo a fost aruncat în arene încă de copil,fără a cunoaște vreodată libertatea.Syrus nu avusese nici măcar șansa de a trăi o clipă ca om liber,de a gusta din liniștea și siguranța unei vieți normale.În lumea în care trăia,era doar o unealtă de distracție,un pion în jocurile sângeroase ale romanilor.Anii petrecuți în arenă l-au transformat pe Syrus într-o legendă printre gladiatori.Lupta cu o determinare sălbatică,dar calculată,iar forța sa brută îl făcea o prezență de temut pe câmpul de luptă.Deși viața de gladiator era una aspră și imprevizibilă,Syrus își dezvolta o anumită disciplină interioară,o rezistență psihică impresionantă.Se antrena zilnic cu un devotament de neclintit,știind că fiecare mișcare și fiecare tehnică stăteau între el și moarte.Syrus nu vorbea prea des despre trecutul său,dar uneori,în momentele de liniște,le spunea altor gladiatori povestea lui.

-N-am avut nici măcar șansa voastră de a fi un om liber,nici măcar pentru o clipă,le spunea el cu un amestec de amărăciune și resemnare.Îi privea pe gladiatorii care,deși sclavi,fuseseră odată oameni liberi,oameni cu familii,cu vise și cu o casă.

În tăcerea lui adâncă și grea,se simțea însă o dorință de eliberare,o fărâmă de speranță că într-o zi își va putea găsi propria cale, dincolo de lanțurile sclaviei.Totuși, Syrus își ascundea suferințele sub o mască de fier.Nu căuta milă,nici compasiune,și păstra în inima lui acea flacără tăcută care îi alimenta lupta continuă pentru supraviețuire.Cei care îl cunoșteau știau că Syrus nu era doar un gladiator de temut,ci și un om care învățase să îndure,să își păstreze demnitatea chiar și în cele mai grele condiții.Deși viața lui fusese un lanț continuu de lupte,de sânge și durere,Syrus păstra o tărie interioară impresionantă și o înțelepciune aparte,născută din experiențele grele și din neputința de a-și alege destinul.Pentru el,arena era singura casă pe care o cunoștea,iar sabia,singura certitudine.Syrus era mai mult decât un simplu gladiator: era simbolul rezistenței tăcute,un om transformat de suferință, dar care nu se lăsa frânt.

Capitolul 6. Femeile Gladiator

Închisoarea gladioatoarelor era un loc sumbru și rece,situată sub pământ,cu pereți groși de piatră ce păstrau mereu un miros de umezeală și metal.Această închisoare era separată de închisoarea gladiatorilor bărbați printr-un culoar îngust,lung de cinci metri,păzit în permanență de doi centurioni romani impunători.Aceștia erau bine înarmați și pregătiți să intervină în orice moment,căci gladiatoarele,deși femei,erau extrem de periculoase și bine antrenate în luptă.Culoarul îngust și întunecos era o barieră între cele două lumi asemănătoare,dar totuși distincte,căci femeile gladiatoare aveau propria lor comunitate și reguli nescrise,deși condițiile de detenție erau la fel de aspre pentru toți.În interiorul închisorii gladiatoarelor,celulele erau organizate în rânduri lungi,fiecare celulă fiind dotată cu o fereastră mică,prin care pătrundea foarte puțină lumină naturală.Ferestrele înguste erau situate aproape de tavan,cu bare groase de fier,iar lumina care intra părea mereu palidă și rece.Pe podeaua aspră,femeile gladiator dormeau pe paie sau rogojini subțiri,fără confort,iar hrana era limitată și adesea insuficientă.Atmosfera era tensionată,dar și plină de o solidaritate tăcută,pentru că toate femeile știau că doar împreună puteau face față brutalității și încercărilor la care erau supuse.Dintre aceste gladiatoare,Valeria,Talia și Nisria erau cele mai puternice și unite printr-o prietenie născută din încercări grele și lupte comune.Valeria,o femeie robustă și înaltă,provenea din Galia,iar firea ei neînduplecată era cunoscută și respectată de toate colegele sale.Talia,mai scundă,dar agilă și vicleană,era originară din Dacia și avea o viteză extraordinară în luptă,fiind deseori greu de prins și de ținut în frâu.Nisria,de origine africană,avea o forță deosebită și o răbdare neobișnuită,fiind cea mai tăcută dintre cele trei,dar și cea mai letală în arenă.Împreună,ele formau un trio temut și erau un model de curaj și tărie de caracter pentru

restul gladiatoarelor.Femeile gladiatoare erau treizeci și șapte la număr, aduse din diferite teritorii cucerite de Imperiul Roman:unele din Gallia,altele din Dacia,Germania sau Africa de Nord.Fiecare dintre ele purta în inimă dorința de a se întoarce în țara natală, dar până atunci,acceptaseră soarta lor și se pregăteau pentru luptele sângeroase din arenă.Antrenamentele zilnice se desfășurau într-un spațiu alăturat,supravegheat strict,iar între ele domnea o disciplină tăcută,întărită de împrejurările dure.Pe pereții reci ai închisorii,unele gladiatoare gravaseră simboluri din culturile lor sau numele oamenilor dragi pe care îi pierduseră,ca o formă de rezistență și de amintire.În acest loc dur și dezolant,solidaritatea și legăturile de prietenie erau singurele raze de speranță,iar Valeria,Talia și Nisria se străduiau,zi de zi,să rămână puternice pentru a face față destinului lor crunt.Valeria era o femeie cu o forță impresionantă,deopotrivă fizică și psihică,care a captivat atenția publicului roman și a făcut senzație în arenele de gladiatori.Originară din Galia,Valeria fusese războinică în tribul său,luptând cu înverșunare împotriva expansiunii romane.În timpul

campaniilor de cucerire conduse de Caesar,a fost capturată și,asemenea multor prizonieri de război,a fost trimisă inițial să muncească în carierele de piatră din apropierea Romei.Fiind cunoscută pentru curajul și rezistența sa,Valeria s-a remarcat rapid printre ceilalți captivi printr-o atitudine demnă și neînfricată.Nu se temea să înfrunte pericolele și,chiar în condițiile grele de muncă,păstra o expresie de sfidare în fața autorităților romane.Această atitudine i-a atras atenția unui lanista,un proprietar de gladiatori,care căuta mereu talente noi pentru a oferi publicului un spectacol inedit.În Valeria a văzut nu doar o potențială gladiatoare,ci și o oportunitate de a atrage mulțimile cu un personaj exotic și neobișnuit pentru arena romană:o femeie-războinic din Galia,gata să înfrunte provocările și pericolele unei lupte de gladiatori.În arena de antrenament,Valeria s-a adaptat rapid la noua sa viață.Cu toate că nu avea pregătirea tehnică a gladiatorilor,fusese instruită să lupte și să supraviețuiască încă de tânără,iar acest lucru a fost un avantaj.A învățat repede să folosească armele romane și a dezvoltat o tehnică proprie,adaptată la stilul

ei de luptă și la forța sa.Ceea ce o diferenția însă de ceilalți gladiatori nu era doar puterea,ci și o intensitate în luptă care părea să reamintească originile sale războinice.Devenise o senzație printre spectatori,iar povestea ei de războinică capturată a fost folosită pentru a întări imaginea romanilor de cuceritori neînfricați,care reușeau să supună chiar și cei mai mândri dintre gali.În arenă,Valeria lupta cu o hotărâre care îmbina curajul cu o furie interioară intensă.Privirea ei pătrunzătoare și concentrarea pe care o afișa înainte de fiecare duel reușeau să-i intimideze pe adversari și să fascineze spectatorii.Publicul venea s-o vadă nu doar pentru spectacolul oferit,ci și pentru mitul creat în jurul său:legenda unei femei care își ducea lupta personală pentru libertate, chiar sub ochii lor.Deși viața de gladiator era dificilă și brutală,Valeria nu a renunțat niciodată la spiritul ei de luptătoare.În tăcerea celulei sale,își amintea de ținuturile verzi ale Galiei și de poporul său,iar acele amintiri îi dădeau puterea să meargă înainte,indiferent de riscuri.În loc să se lase înfrântă de noua ei viață,a transformat-o într-o continuare a luptei sale de acasă,o formă de rezistență și un mod de a arăta că spiritul galic nu putea fi complet supus.Astfel,Valeria nu era doar o gladiatoare,ci un simbol al curajului și al demnității în fața adversității,un simbol al rezistenței pentru toți cei care se simțeau captivi în imperiul roman.Talia era o femeie remarcabilă, cu o statură robustă și un fizic puternic,ce trăda rădăcinile ei dacice și anii de muncă grea care îi modelaseră trupul.Capturată în timpul campaniilor romane de cucerire a Daciei,Talia fusese martora distrugerii lumii sale de către armata romană.Era o femeie plină de vitalitate,cu o inteligență ascuțită și o capacitate de adaptare care o făcea să găsească întotdeauna o cale de a înfrunta orice provocare.În ciuda destinului ei ca sclavă,Talia nu a cedat niciodată în fața disperării,păstrând în inima ei o flacără a rezistenței.Ajunsă în Roma,Talia a fost repartizată unei familii romane importante,unde responsabilitatea ei era întreținerea grajdurilor și îngrijirea cailor folosiți în cursele publice.Lucrul cu animalele i se potrivea de minune,căci Talia avea o înțelegere profundă a lor,un talent nativ pentru a le liniști și a le îmblânzi chiar și pe cele mai dificile.

Forța ei fizică îi permitea să facă față muncii grele din grajduri,de la căratul hranei până la îngrijirea propriu-zisă a animalelor,iar curajul ei de a se apropia de caii agitați și temperamentali i-a câștigat rapid respectul supraveghetorilor.Era obișnuită să lucreze în tăcere,dar era atentă la tot ce se întâmpla în jur.Observa comportamentul animalelor,rutina zilnică a grajdurilor,ba chiar și gesturile oamenilor care veneau să verifice caii.Uneori,colegii sclavi se mirau de ușurința cu care Talia părea să comunice cu animalele,de parcă le-ar fi înțeles limbajul și emoțiile.Abilitatea ei de a calma caii înainte de curse era extrem de apreciată,iar acesta a devenit un atu valoros pentru familia care o deținea,contribuind la succesul lor în cursele publice.Printre sclavi, Talia era privită cu admirație pentru capacitatea ei de a se descurca în orice situație și pentru încrederea pe care o emana. Avea un respect natural printre ceilalți,căci se știa că Talia nu își uitase originile și că lupta ei interioară pentru supraviețuire era un mod de a-și păstra mândria dacică.Cu toate că își făcea datoria în grajduri fără să se plângă,în privirea ei ardea mereu o dorință de libertate și de răzbunare împotriva celor care îi cuceriseră pământurile natale.Deși nu putea vorbi deschis despre aceste lucruri,reușea să inspire un sentiment de unitate și curaj în rândul altor sclavi daci,care găseau în ea un simbol al rezistenței și al dorului de libertate.Talia nu era doar o sclavă responsabilă de grajduri și cai;era o femeie care,prin priceperea și inteligența ei,își câștigase respectul tuturor celor care lucrau alături de ea.Era conștientă că în lumea romană nu avea control asupra sorții sale,dar prin rezistența și adaptabilitatea sa,Talia reușea să își păstreze demnitatea și să-și îndeplinească îndatoririle cu o mândrie tăcută,o mândrie care amintea tuturor că spiritul dac nu putea fi înfrânt.Nisria era o femeie cu origini africane cu o frumusețe exotică,trăsături fine și ochi de un verde profund,ce păreau să spună o poveste îndepărtată și misterioasă.Capturată în Egipt și adusă la Roma,viața ei a fost curmată brusc de război și dominație,transformând-o dintr-o femeie liberă într-o sclavă folosită pentru muncile grele ale Imperiului.Însă,în ciuda fragilității aparente,Nisria deținea o forță interioară și fizică neobișnuită.Ajunsă în Roma,Nisria a fost trimisă să lucreze pe șantierele de construcții,fiind repartizată la ridicarea edificiilor publice. Aceasta era o muncă extrem de solicitantă,implicând ore lungi de efort fizic intens,transport de blocuri de piatră și materiale grele,și o rezistență aproape supraomenească în fața greutăților zilnice.Însă,spre surprinderea supraveghetorilor,Nisria a reușit să facă față acestor sarcini cu o determinare ieșită din comun.Îi surprindea pe cei din jur prin felul în care își canaliza energia pentru a-și îndeplini munca,iar acest lucru a făcut-o repede remarcată printre ceilalți sclavi și supraveghetori.Sclavii și lucrătorii au început s-o numească „femeia de piatră," un supranume care îi definea atât forța fizică,cât și rezistența mentală.Deși muncea cot la cot cu bărbații,era întotdeauna prima care își termina sarcinile,mereu cu o disciplină de neclintit.Fața sa trăda rareori efortul,păstrând o expresie calmă și o privire determinată.Nimeni nu o auzea plângându-se,și părea că avea o toleranță imensă la durere și oboseală,ceva ce îi uimea pe supraveghetorii romani.Aceștia au ajuns s-o considere un fel de legendă printre sclavii de la construcții,vorbind despre ea ca despre o femeie cu o putere interioară de neînfrânt.În fiecare zi,în ciuda oboselii și a greutăților,Nisria își păstra un fel de calm și grație.Avea o disciplină personală,și chiar dacă viața de sclav îi furase libertatea,își păstrase demnitatea.Colegii ei o priveau cu respect,iar supraveghetorii știau că, prin prezența și munca ei constantă,ea reușea să mențină o atmosferă de cooperare și ordine printre sclavi.

Trecutul ei dacic și poveștile despre vechile temple și orașe din care provenea îi dădeau o aură misterioasă,iar colegii de muncă ascultau fascinați uneori fragmentele de povești pe care le împărtășea despre Dacia.Se simțea o nostalgie profundă în vocea sa,o dorință de întoarcere la acele locuri sfinte și calde.Dar Nisria știa că destinul ei fusese schimbat pentru totdeauna.Astfel,Nisria, "femeia de piatră,"era mai mult decât o simplă sclavă folosită la muncă grea.Ea era simbolul tăcut al rezistenței,o amintire că puterea și frumusețea pot coexista chiar și în cele mai dificile circumstanțe.Cu fiecare piatră ridicată,cu fiecare sarcină îndeplinită,își demonstra curajul și își reafirma identitatea de femeie liberă în spirit,dacă nu în fapte.În adâncul nopții, când umbrele acopereau curtea închisorii și gărzile deveneau mai puțin vigilente,cele câteva gladiatoare,epuizate după antrenamente,se adunau în colțul ferit al spațiului comun.Printre ele se aflau Nisria,Talia,Valeria și alte două femei,Claudia,originară din Hispania,și Samira,venită din Turcia.Conversațiile lor erau rare,căci gărzile supravegheau atent și nu

le dădeau prea multe momente de liniște,dar în acele clipe de calm,împărtășeau din gânduri și amintiri,legând prietenii neobișnuite,bazate pe încredere și camaraderie.
Nisria, cu ochii săi de un verde hipnotic,privi în jur și vorbi prima, vocea sa moale și accentul ei Dacic încărcând atmosfera cu o notă de mister:
-În fiecare zi aici,mă simt tot mai departe de Dacia... mi-e dor de Munții Carpați și de Marea Neagră. Roma mi-a răpit tot ce aveam,dar nu-mi va lua spiritul.Valeria,cu chipul aspru și ochii săi mândri, își ridică privirea:
-Și mie mi-e dor de Galia.Dar ei nu știu că de fiecare dată când pășesc în arenă,nu lupt doar pentru viața mea.Lupt pentru ai mei,pentru cei lăsați acasă,pentru cei căzuți.E felul meu de a sfida Roma.
Talia,cu vocea ei gravă și calmă, intervine, ridicând o sprânceană:
-Suntem toate capturate,smulse din pământurile noastre,dar, în mod ciudat,simt că lupt cu voi,împotriva destinului care ne-a fost impus.Suntem forțate să ne luptăm pentru amuzamentul lor,dar,împreună,suntem mai puternice decât cred ei.
Claudia,o femeie cu pielea bronzată și o expresie dură,adăugă:
-Știu că toți ne văd ca pe niște simple animale,dar am învățat să mă bucur de fiecare victorie.Fiecare zi în care supraviețuiesc este o victorie împotriva lor.În Hispania,am fost liberă și am avut o viață frumoasă,dar acum supraviețuirea a devenit scopul meu.
Samira,tăcută până acum,interveni,cu o privire plină de melancolie și o voce blândă:
-În Turcia,am fost antrenată să lupt de mică.Aici însă,e altceva.Lupt împotriva prietenilor,împotriva surorilor de soartă.Dar dacă asta înseamnă că pot să mai trăiesc o zi,o fac.
Nisria își întinse brațele peste umărul Taliei și al Samirei,simțindu-le puterea și căldura,în ciuda vieții dure din arena romană.

-Nu vom mai fi niciodată ceea ce am fost,dar împreună suntem un simbol.Fiecare victorie în arenă este un protest tăcut.Să nu uităm niciodată de unde venim.Valeria zâmbi amar,strângând pumnii,simțind că,alături de ele,era mai mult decât o simplă gladiatoare:Roma va afla curând că furia unei femei este mai puternică decât orice sabie.Dacă trebuie să fim aici,să le dăm motive să ne țină minte pentru totdeauna.Talia aprobă,privindu-le cu o căldură reținută,dar plină de loialitate:Atâta timp cât suntem împreună,nimic nu ne poate zdrobi.Orice rană ne face mai puternice.Cele cinci se priviră în tăcere,realizând că acea prietenie era cea mai puternică armură pe care o aveau în fața Romei.Claudia,gladiatoarea din Hispania,era o femeie care îmbina forța fizică și reziliența mentală cu un trecut plin de suferință și pierderi.Capturată în timpul unei campanii romane în nordul peninsulei iberice,viața ei fusese un șir de încercări care au modelat-o într-un simbol al rezistenței și determinării.Înainte de a deveni gladiatoare,Claudia trăise o viață simplă,dar liberă, în sânul unei familii de fermieri.Cu toate acestea,invazia romană distrusese tot ce cunoscuse vreodată,iar Claudia fusese smulsă din acea lume,vândută ca sclavă și trimisă la Roma.Cu o statură impunătoare și o musculatură bine definită,Claudia se remarca imediat printre ceilalți gladiatori.Avea părul negru,des și ondulat,prins deseori într-un nod simplu pentru a nu-i obstrucționa mișcările.Ochii ei verzi strălucitori trădau un amestec de furie și determinare,iar trăsăturile ei angulare îi confereau un aspect feroce.Tatuajele tribale care îi marcau brațele și spatele îi reaminteau de originile ei și de rădăcinile sale iberice,fiind totodată un simbol al identității pe care refuza să o piardă,în ciuda rolului său de sclavă gladiatoare.În arena de antrenament,Claudia era neobosită.Își dedicase existența perfecționării abilităților ei de luptă,învățând să mânuiască diverse arme,de la gladius și scut până la trident și plasa folosite de retiarii.Antrenorii,impresionați de capacitatea ei de a învăța rapid și de agilitatea ei extraordinară,o considerau una dintre cele mai promițătoare gladiatoare.În ciuda greutăților,Claudia își păstra o atitudine de oțel,tratând fiecare zi ca pe o șansă de a supraviețui și de a deveni mai puternică.Dincolo de lupta fizică,Claudia era o tacticiană naturală.Își studia adversarii cu o atenție clinică,anticipându-le mișcările și transformând punctele lor forte în slăbiciuni.Această abilitate o făcuse extrem de periculoasă în arenă,unde câștigase deja câteva lupte spectaculoase,atrăgând atenția publicului și respectul colegilor gladiatori.Deși gladiatorii erau adesea considerați simple instrumente de divertisment,Claudia lupta nu doar pentru supraviețuire,ci și pentru a-și revendica o parte din demnitatea pierdută.Personalitatea ei era complexă,îmbinând un exterior dur cu un nucleu de loialitate față de cei apropiați.În rândul celorlalți gladiatori,Claudia era văzută ca o lideră naturală,capabilă să inspire curaj și să ofere sprijin.Era cunoscută pentru firea ei tăcută și rezervată,dar și pentru modul în care intervenea când unul dintre camarazi era tratat nedrept sau umilit.Această loialitate o făcuse să fie apreciată de colegii săi,dar uneori îi aducea și conflicte cu cei care o priveau doar ca pe o altă sclavă.În arenă,Claudia devenea o forță de neoprit.Fiecare lovitură pe care o dădea era alimentată de amintirea trecutului și de dorința de a-și onora rădăcinile.Publicul,fascinat de combinația dintre frumusețea ei sălbatică și abilitatea ei de a domina în luptă,o aclama frenetic.Cu toate acestea,Claudia rămânea indiferentă la aplauzele lor.În mintea ei,fiecare victorie era doar un alt pas spre ceea ce ea spera că va fi, într-o zi, libertatea.Claudia,gladiatoarea din Hispania,era mai mult decât o luptătoare.Era o supraviețuitoare,un simbol al rezilienței și al puterii de a-ți păstra identitatea chiar și în cele mai cumplite circumstanțe.Fiecare zi era o luptă,iar fiecare luptă era o dovadă a spiritului ei indestructibil.Samira era o prezență enigmatică în lumea gladiatorilor,o femeie care purta cu ea misterul și pasiunea pământurilor Turciei natale.Capturată de negustorii de sclavi în apropierea orașului antic Pergamon,Samira fusese adusă la Roma după o călătorie lungă și obositoare,înlănțuită alături de alți captivi.Însă,spre deosebire de mulți,spiritul ei nu fusese frânt.În ochii ei ardeau focul mândriei și determinarea de a nu-și abandona identitatea.Samira avea o statură înaltă,impunătoare,iar mișcările ei erau fluide,asemenea unei feline pregătite de atac. Pielea sa avea o nuanță caldă,de chihlimbar,iar părul negru ca abanosul cădea în valuri grele peste umeri,prins adesea cu un simplu fir de piele.Ochii ei migdalați,de un maro profund, aveau o intensitate hipnotică,iar privirea ei părea să citească dincolo de aparențe.Trăsăturile ei erau sculpturale,cu pomeți înalți și buze bine conturate,conferindu-i o frumusețe exotică ce atrăgea privirile tuturor celor din arenă.Samira nu era doar o femeie frumoasă;era o războinică prin definiție.

Crescută într-o familie de meșteșugari din Anatolia,Samira învățase să mânuiască armele încă din copilărie,într-un mediu unde pericolele erau la fiecare pas.Cultura locului său de origine o învățase că femeile nu erau mai prejos de bărbați,iar aceasta fusese baza formării ei ca luptătoare.După capturare,când a fost pusă să demonstreze ce știe,Samira a uimit pe toți cu agilitatea și priceperea ei.Antrenorii de gladiatori au recunoscut rapid potențialul ei.Samira s-a specializat în mânuirea sicae-lor,o pereche de săbii scurte,curbe,pe care le folosea cu o grație letală.Era rapidă și imprevizibilă,combinând forța fizică cu o strategie de luptă calculată.Își studia adversarii cu o răbdare de fier,atacând în momentele cele mai neașteptate.Tehnica ei era de multe ori descrisă ca un dans al morții,o combinație de mișcări elegante și lovituri precise care lăsau publicul fără suflare.Samira era o figură solitară,preferând să-și petreacă timpul în liniște atunci când nu era în arenă sau la antrenamente.În timpul rarelor momente de odihnă,obișnuia să cânte melodii din limba sa natală sau să-și sculpteze amintirile în bucăți de lemn,o activitate care o ajuta să-și păstreze un fragment din identitatea de acasă.Cei din jur o respectau,dar și o priveau cu teamă,neînțelegând pe deplin forța interioară care o susținea.În arena de luptă,Samira devenise rapid o favorită a publicului roman.Spectatorii o admirau pentru curajul și stilul său spectaculos,dar și pentru înfățișarea ei exotică,care îi separa de ceilalți gladiatori.Deși aclamată,Samira nu lupta pentru glorie.Fiecare victorie era pentru ea o amintire că încă trăiește,încă își poate controla destinul,chiar dacă libertatea părea un vis îndepărtat.Samira nu-și pierduse speranța.În adâncul sufletului,purta imaginea satului ei natal,mirosul ierburilor sălbatice și râsetele celor dragi.În fiecare noapte,sub cerul Romei,visa la ziua când va putea evada,să-și recâștige viața pierdută.

Pentru ea,arena era un câmp de luptă,dar și o scenă unde spiritul său,modelat de suferință și dor,refuza să fie înfrânt.

Capitolul 7.Familiile Legaților din Legiunea X Germia

Legatul Lucius Cassius era un bărbat de renume în Roma,cunoscut atât pentru serviciul său militar,cât și pentru averea sa considerabilă.Provenit dintr-o familie de patricieni cu tradiție,Lucius a obținut moșteniri generoase și o poziție respectată în cadrul Senatului.Familia Cassius deținea mai multe proprietăți și terenuri agricole,ceea ce le permitea un stil de viață opulent,reflectat în locuințele somptuoase,sclavii numeroși și relațiile influente.Soția lui Lucius Cassius,Claudia,era o femeie de origine nobiliară,cunoscută pentru frumusețea ei și priceperea în treburile gospodărești și sociale.Era o femeie demnă,care întreținea o casă decorată în stilul specific al aristocrației romane,cu fresce elaborate,statui și mobilier de calitate.Împreună,Claudia și Lucius aveau doi copii:un fiu,Cassius Minor,destinat unei cariere în politică,și o fiică,Cassia,care,conform obiceiurilor timpului, urma să fie măritată pentru a încheia o alianță strategică.În umbra acestei familii nobile,însă,trăia o altă familie tăcută și ascunsă,formată în secret în preajma lui Lucius.Aelia,sclava legatului,era o femeie cu trăsături delicate și o frumusețe aparte,care, de-a lungul anilor,atrăsese atenția lui Lucius și căpătase o influență discretă asupra lui.Deși sclavă,Aelia avea permisiunea să locuiască într-o mică casă la periferia Romei,la doar o oră de mers călare de reședința principală a lui Lucius.Casa Aeliei,simplă și modestă, era construită din cărămidă și lut,cu acoperiș din țiglă,și se afla într-un cartier unde trăiau alți sclavi eliberați,artizani și oameni simpli.Locuința avea două camere:una principală,unde Aelia și copiii

își petreceau majoritatea timpului,și o încăpere mică, folosită ca dormitor.Deși nu avea luxul casei principale,căminul ei era bine întreținut și decorat simplu,cu obiecte aduse de la reședința lui Lucius.Aelia ținea această casă ca pe un refugiu,iar aici se retrăgea seara,după ce își îndeplinea obligațiile în gospodăria lui Lucius.Cei trei copii pe care îi avea cu Lucius,deși nu erau recunoscuți oficial de tatăl lor,creșteau sub grija atentă a mamei și erau învățați să respecte cultura romană,dar și să se ferească de atenția publică.Cel mai mare,Marcus,un băiat de opt ani,era deja un copil inteligent și curios, cu trăsături ce aminteau de tatăl său.Fiica de șase ani,Livia, era o fetiță veselă și sensibilă,cu o înclinație pentru poezie,iar cel mai mic,Aelius,un băiețel de patru ani,era încă la vârsta jocurilor și a curiozităților copilărești.Pentru Aelia,acești copii reprezentau o mare bucurie,dar și o povară,deoarece știa că,în calitate de sclavă,viitorul lor nu era niciodată sigur. Deși Lucius îi sprijinea discret,destinul lor rămânea incert,așa că Aelia se asigura că primesc educație,învățându-i să fie atenți și să se ferească de privirile curioase.Legatul Gaius Marcellus era un om de influență și prosperitate în Roma antică, cunoscut pentru succesul său militar și pentru legăturile strânse cu elitele politice.Provenind dintr-o familie nobilă,Marcellus moștenise o avere substanțială,constând în vaste terenuri agricole,vile luxuriante și numeroase sclavi.Familia sa trăia într-o reședință elegantă situată în centrul Romei,într-un cartier rezervat celor mai înstăriți cetățeni,unde locuințele erau opulente și atent decorate.Soția lui,Valeria,era o femeie rafinată și educată,venită dintr-o familie nobilă, care aducea o zestre generoasă în familie.Ea era cunoscută pentru grația ei și abilitățile sociale,fiind adesea invitată la banchetele organizate de alte familii de patricieni.Alături de Marcellus,avea doi copii:Publius,un tânăr ambițios,destinat unei cariere militare ca tatăl său,și Julia,o fată de zece ani,care moștenise frumusețea și blândețea mamei sale.În paralel cu viața sa oficială, Gaius Marcellus avea o relație discretă cu una dintre sclavele din gospodăria sa,Crispina.Era o tânără de origine exotică,cu ochi de un verde intens și o frumusețe delicată,ce-i atrăsese atenția legatului.În tăcere,între cei doi se formase o legătură puternică,și Crispina adusese pe lume o fiică,pe care o crescuse în liniște,departe de ochii lumii, într-o casă simplă de la periferia Romei.Casa Crispinei era modestă,situată într-un cartier unde locuiau sclavi eliberați și oameni din clasele inferioare,la câteva ore de mers de reședința lui Gaius Marcellus.Locuința era construită din cărămidă și lemn,cu o fațadă simplă,fără ornamente,dar foarte bine întreținută.Interiorul era format dintr-o încăpere principală,unde Crispina petrecea cea mai mare parte a timpului cu fiica sa,și o cameră mică,folosită drept dormitor.Deși nu avea luxul casei legatului,Crispina păstra aici câteva obiecte personale aduse din locuința principală,care confereau un aer de familiaritate și confort.Fetița lor,pe nume Fausta,era o micuță de cinci ani,plină de viață și curiozitate.Avea trăsături care aminteau de tatăl său:ochi pătrunzători și o expresie inteligentă,dar moștenise blândețea

și finețea mamei sale.Crispina își petrecea serile în casa modestă,citindu-i povești Faustei și învățând-o cuvinte în latină,pentru ca,într-o bună zi,să poată înțelege mai bine cultura romană în care trăia.Pentru Crispina,acea casă modestă reprezenta un refugiu.Deși nu avea statutul social al unei soții legitime și nu putea să își crească fiica în lux,Crispina era hotărâtă să îi ofere un viitor cât mai sigur.Grija pe care i-o purta Faustei era evidentă în fiecare colțișor al casei,unde păstra jucării de lemn și rochii cusute cu grijă,dar și în educația simplă pe care i-o oferea.Seara,după ce termina treburile la casa legatului,Crispina se retrăgea la casa sa de la periferie,unde Fausta o întâmpina cu bucurie.Între acele ziduri modeste,Crispina trăia bucuria unei vieți de familie,oricât de simplă ar fi fost,și îi oferea fiicei sale o dragoste necondiționată,sperând într-un viitor în care să fie mai mult decât sclavă și în care Fausta să aibă o viață mai bună decât a ei.Legatul Tiberius Fuscus era un om de o influență considerabilă în Roma,cunoscut atât pentru averea sa,cât și pentru prestigiul dobândit în campaniile sale militare.Provenea dintr-o veche familie de patricieni,cunoscută pentru generozitatea față de oraș, dar și pentru alianțele politice solide,care i-au sporit puterea și statutul. Avere lui Tiberius consta în mai multe vile somptuoase,ferme de vite,pământuri întinse cultivate cu grâu și viță-de-vie,dar și un număr semnificativ de sclavi care lucrau în gospodăria lui.Soția lui Tiberius,Cornelia,era o femeie respectată,educată și cunoscută pentru rafinamentul ei.Provenind dintr-o familie nobiliară la fel de înstărită,Cornelia contribuia la gospodărie cu o zestre impresionantă și un simț estetic care făcea din locuința lor o adevărată bijuterie.Reședința lor,situată în inima Romei,era o vilă impunătoare,decorată cu fresce elaborate,mozaicuri rafinate și statui sculptate cu măiestrie.Împreună,Tiberius și Cornelia aveau trei copii:doi băieți,Lucius și Marcus,ambii pregătiți pentru viitoare poziții de influență,și o fiică,Julia,o adolescentă inteligentă și ambițioasă.În mijlocul acestei vieți pline de lux și privilegii,Tiberius o avea pe Valeria,una dintre sclavele sale preferate.Deși nu avea statutul oficial al unei concubine,Valeria era respectată în gospodăria lui și se bucura de anumite privilegii.Era o femeie de o frumusețe discretă și o grație care o făceau deosebită în ochii legatului.Legătura lor era cunoscută doar de câțiva din gospodărie,iar în fiecare seară,după ce-și termina treburile,Valeria se retrăgea la casa ei modestă din periferia Romei.Locuința Valeriei,o casă simplă din cărămidă și lut,era amplasată într-un cartier modest,locuit de sclavi eliberați,artizani și mici negustori.Casa avea doar două încăperi:o cameră principală unde își desfășura activitățile zilnice,gătea și se odihnea,și un mic dormitor,modest mobilat,unde avea un pat și câteva obiecte personale.În ciuda simplității,Valeria păstra o atmosferă de liniște și ordine,având grijă ca fiecare obiect să fie bine întreținut.În interiorul acestei case modeste,Valeria își petrecea serile în tihnă,gândindu-se la viața sa și la viitorul nesigur care o aștepta.Deși nu avea copii cu Tiberius,gândul la viitorul ei era constant legat de el și de faptul că depindea de bunăvoința lui.Casa ei era decorată cu câteva covoare simple și vase de lut,iar Valeria avea grijă să-și întrețină locuința ca un sanctuar personal,unde putea fi ea însăși, departe de ochii curioși ai stăpânilor săi.În casa modestă a Valeriei se simțea o atmosferă de calm și reflecție,un contrast puternic față de viața agitată din vila lui Tiberius.Pentru ea,acea casă simplă de la marginea Romei era un refugiu,un loc unde putea respira liber,chiar dacă viața îi era încă dominată de statutul de sclavă.Legatul Publius Corvinus era un om respectat și temut în Roma,un militar cu o carieră strălucită și o influență remarcabilă în cercurile politice și militare ale imperiului.Provenind dintr-o familie de patricieni,Publius moștenise o avere considerabilă,care includea moșii vaste,terenuri fertile cultivate cu cereale și vii,și o vilă somptuoasă situată în centrul Romei.Aici,familia Corvinus ducea o viață de lux și opulență,înconjurați de statui frumos sculptate,mozaicuri colorate și fresce elaborate,care decorau interiorul casei.Soția lui Publius,Livia,era o patriciană de origine nobilă,educată în arta oratoriei și cunoscută pentru eleganța și inteligența ei.

Provenind dintr-o familie de rang înalt,Livia îmbogățise casa Corvinus nu doar cu zestrea sa,ci și cu o rețea de alianțe și influențe politice.Împreună,Publius și Livia aveau două fiice gemene,Claudia și Cornelia,care erau educate pentru a deveni viitoare soții de nobili și pentru a întări alianțele politice ale familiei.Fetele erau crescute cu mare grijă,având profesori particulari care le învățau latina,greaca,literatura și bunele maniere.Pe lângă familia sa oficială,Publius întreținea o relație discretă cu Octavia,una dintre sclavele din gospodăria lui.Octavia era o femeie tânără,de o frumusețe naturală,cu trăsături blânde și o fire discretă.Legătura dintre Publius și Octavia a dat naștere unui fiu,Lucius,un băiat de șase ani care,deși nu era recunoscut oficial de tatăl său,avea anumite privilegii discrete.În fiecare zi,Octavia își îndeplinea îndatoririle în casa lui Publius,dar seara se retrăgea la o casă modestă,pe care Publius i-o dăruise la periferia Romei,departe de ochii vigilenți ai soției și de presiunile sociale.Casa Octaviei era simplă și modestă,dar bine întreținută,situată într-un cartier populat de sclavi eliberați,mici meșteșugari și oameni din clasele inferioare.

Locuința avea o structură de bază, cu pereți din cărămidă și un acoperiș din țiglă roșiatică,și era formată din două camere:una principală,folosită pentru gătit,lucrul manual și petrecerea timpului alături de fiul ei,și o cameră mică,folosită drept dormitor.Deși lipsită de ornamente,casa Octaviei era curată și organizată,iar atmosfera era caldă și primitoare.Fiul lor,Lucius,era un copil inteligent și vioi,cu trăsături ce aminteau de tatăl său,dar și de blândețea mamei.Octavia avea grijă să îi ofere o educație de bază,învățându-l să scrie și să citească,dar și să fie atent și precaut în ceea ce privește originea sa.Deși Lucius era un copil neoficial al legatului,Octavia simțea o mândrie profundă și spera că,într-o bună zi,el va avea un viitor sigur și poate chiar recunoscut de tatăl său.În fiecare seară,după ce își termina treburile la vila lui Publius,Octavia se întorcea acasă,unde o aștepta Lucius.Casa simplă,dar liniștită, devenise un adevărat sanctuar pentru ei doi.Aici,departe de intrigile și complexitatea vieții din vila lui Publius,Octavia putea fi cu adevărat mamă și să-i ofere lui Lucius toată dragostea și grija pe care o simțea.Casa modestă reprezenta pentru ea o oază de libertate și speranță,un loc unde visurile și iubirea de mamă depășeau cu mult limitele impuse de statutul ei de sclavă.Legatul Marcus Longinus era un om de o influență majoră în Roma,cunoscut atât pentru reușitele sale militare,cât și pentru vasta sa avere acumulată prin războaiele de expansiune.Familia Longinus era una dintre cele mai prospere și respectate familii patriciene,având proprietăți întinse și o reputație bine consolidată în rândul elitelor romane.Averea lui Marcus cuprindea numeroase vile luxoase,terenuri agricole fertile,viță-de-vie și plantații de măslini,alături de o mare forță de muncă formată din sclavi care îi administrau moșiile.Soția lui,Livia,provenea dintr-o familie la fel de distinsă și influentă, cunoscută pentru legăturile strânse cu elitele politice romane.

Livia era o femeie educată, inteligentă și foarte respectată, cu un simț estetic remarcabil,pe care îl folosea pentru a înfrumuseța vila lor de la Roma.Această reședință,situată într-un cartier de lux,reflecta bogăția și statutul familiei prin decoruri impresionante,cu fresce elaborate,statui și mobilier de cea mai bună calitate.Vila era un adevărat simbol al rafinamentului roman,unde Marcus și Livia organizau frecvent banchete și întâlniri pentru a-și întări alianțele politice.Marcus și Livia aveau trei copii:doi băieți,Gaius și Quintus,și o fiică,Tullia.Gaius,fiul cel mare,era deja pregătit pentru a-și urma tatăl în armată,iar Quintus era educat pentru o carieră în administrație.Fiica lor,Tullia,era o tânără cu o frumusețe distinsă,educată în arta oratoriei și a poeziei,pregătită să încheie o căsătorie avantajoasă pentru familie.În umbra acestei vieți pline de lux,sclava lui Marcus,Iulia,trăia o existență mult mai modestă,dar avea un rol important în gospodăria legatului.Iulia era o femeie tânără și muncitoare,apreciată pentru loialitatea și discreția sa.Deși nu avea o relație oficială cu legatul,Marcus îi acordase o oarecare libertate,permițându-i să locuiască într-o casă modestă la periferia Romei.Aceasta era o excepție pentru o sclavă,dar Marcus considera că astfel îi va asigura loialitatea.Casa Iuliei era simplă,situată într-un cartier modest,unde locuiau sclavi eliberați și meșteșugari.Casa avea o structură simplă din cărămidă,cu acoperiș de țiglă roșie,și era formată din două încăperi:o cameră de zi și un dormitor mic.În camera principală,Iulia gătea și își petrecea timpul făcând diverse activități domestice.Mobilierul era redus,doar strictul necesar,dar Iulia avea grijă ca locuința să fie mereu curată și ordonată.Deși casa era modestă,Iulia păstra câteva obiecte care îi aminteau de familia Longinus,precum vase de ceramică și textile primite de la vila legatului.Locuința sa era pentru ea un loc de refugiu,unde își putea petrece timpul departe de stresul și agitația din vila principală.

În fiecare seară,după ce își termina îndatoririle la casa lui Marcus,Iulia se retrăgea la locuința ei de la periferie.Aici își găsea liniștea și libertatea,chiar dacă limitată,iar casa ei era un simbol al independenței parțiale pe care o avea față de viața din vila legatului.Pentru Iulia,acel spațiu simplu era un loc de reculegere,un colț personal unde putea reflecta și visa,deși destinul ei era încă strâns legat de cel al familiei Longinus.Legatul Lucius Silanus era un om cu o carieră militară remarcabilă și o reputație solidă în Roma antică.Provenit dintr-o familie de patricieni cu rădăcini adânc înfipte în istoria Republicii,Lucius acumulase o avere considerabilă atât prin moștenirea primită de la părinții săi,cât și prin campaniile militare reușite,care i-au adus recompense generoase din partea Senatului roman.Averea sa includea vaste terenuri agricole în Campania,vii în zona Etruriei și o vilă somptuoasă situată în apropierea Forumului Roman.Soția sa,Claudia,era o matroană demnă de respect,cu o frumusețe clasică și o educație de elită.Provenind dintr-o familie nobilă,Claudia era un sprijin constant pentru Lucius,având grijă de reședința lor luxoasă și de cei doi copii ai lor:Marcus,un tânăr ambițios care se pregătea pentru o carieră militară ca tatăl său,și Livia,o fată de zece ani,care era educată pentru a deveni o patriciană rafinată.Reședința lor era un adevărat simbol al puterii și opulenței,decorată cu mozaicuri complexe,coloane de marmură și grădini bine întreținute.În umbra acestui lux se afla Sabina,o sclavă loială a familiei Silanus.Sabina era o femeie tânără și grațioasă,cunoscută pentru discreția și hărnicia sa.Lucius îi acordase o atenție specială datorită devotamentului ei,iar ca recompensă,îi permisese să locuiască într-o casă modestă la periferia Romei.Deși nu avea o relație personală strânsă cu legatul,Sabina era considerată un membru valoros al gospodăriei și se bucura de anumite privilegii rare pentru o sclavă.Locuința Sabinei era situată într-un cartier modest,unde trăiau sclavi eliberați și oameni din clasele inferioare.

Casa era simplă, construită din cărămidă și acoperită cu țiglă roșie.Interiorul era format din două camere:una principală,unde Sabina gătea,lucra și lua masa,și un dormitor mic,dotat cu un pat din lemn simplu și câteva textile care îi fuseseră dăruite de familia Silanus.Deși lipsită de lux,casa Sabinei era curată și bine organizată,reflectând personalitatea ei disciplinată.Sabina avea grijă să întrețină casa într-o stare impecabilă,iar în colțurile încăperii păstra câteva obiecte personale care îi dădeau un sentiment de confort și stabilitate.Printre acestea se numărau o lampă de lut decorată cu motive simple,un mic altar dedicat Larilor pentru rugăciuni și câteva vase de ceramică pe care le folosea zilnic.Seara,după ce își încheia îndatoririle în casa lui Lucius,Sabina se retrăgea în locuința sa.Pentru ea,acel spațiu modest era mai mult decât un adăpost;era un loc unde putea fi ea însăși,departe de ochii vigilenți ai patricienilor.În ciuda statutului său de sclavă,casa reprezenta o formă mică,dar semnificativă,de libertate personală.Sabina își petrecea serile în liniște,reflectând asupra vieții sale și visând la ziua în care poate va fi eliberată.Deși conștientă de limitele impuse de statutul său,Sabina găsea bucurie în lucrurile simple și în speranța unui viitor mai bun.Casa ei,deși umilă,era un refugiu al păcii și un simbol al rezistenței ei într-o lume dominată de inegalitate.Legatul Gnaeus Rufus era un om de încredere al imperiului,un lider respectat în legiuni și o figură marcantă în cercurile aristocratice ale Romei.Provenit dintr-o familie de origine plebee ridicată la rangul de patriciană datorită meritelor militare și politice ale strămoșilor săi,Rufus acumulase o avere impresionantă de-a lungul carierei sale.Aceasta consta în vaste moșii agricole,o vilă impunătoare în centrul Romei și numeroase investiții în negoțul de mărfuri,inclusiv cereale și vinuri.Soția lui,Aurelia,era o femeie educată și elegantă,renumită pentru ospitalitatea și organizarea evenimentelor sociale la vila familiei.Cei doi aveau doi fii,Tiberius și Sextus,amândoi pregătiți pentru cariere importante în armată și administrație.Vila lor din Roma era o adevărată bijuterie arhitecturală, situată într-un cartier select, decorată cu fresce complicate,mozaicuri colorate și grădini frumos amenajate,care reflectau atât gustul rafinat al familiei, cât și statutul lor privilegiat.În culisele acestei vieți opulente,Domitilla,una dintre sclavele legatului,avea o existență complet diferită.Domitilla era o femeie tânără și inteligentă,originară dintr-o provincie îndepărtată,capturată în timpul uneia dintre campaniile lui Rufus.Relația ei cu legatul,deși neoficială și ascunsă de ochii lumii,dusese la nașterea unei fetițe,pe nume Livia.Deși copilul nu era recunoscut oficial de Rufus,acesta avea grijă de Domitilla și de fiica lor,oferindu-le o casă modestă la periferia Romei.Locuința Domitillei era mică,dar confortabilă,situată într-un cartier liniștit, locuit de sclavi eliberați și meșteșugari.Casa avea o structură simplă din cărămidă,cu un acoperiș din țiglă și două camere principale: o încăpere comună pentru gătit,muncă manuală și luat masa,

și un dormitor mic,unde Domitilla și fiica ei își petreceau nopțile.Deși modestă,locuința era bine întreținută,reflectând simțul practic și grija Domitillei pentru detalii.În camera principală se afla o masă simplă din lemn,câteva scaune și un mic cămin pentru gătit.Pe pereții casei erau agățate câteva textile lucrate manual,iar pe o poliță stăteau câteva vase de lut,primite de Domitilla de la familia Rufus.Dormitorul era decorat minimalist,având un pat mic din lemn cu o saltea umplută cu paie și o pătură țesută.Livia,fetița Domitillei,era o copilă vioaie,cu ochi expresivi și trăsături care aminteau de tatăl ei.Deși trăia într-un spațiu modest,Livia avea parte de dragostea necondiționată a mamei sale.Domitilla se străduia să îi ofere fiicei ei o educație de bază,învățând-o să citească și să scrie în latină,folosind tăblițe cerate aduse de la vila lui Rufus.Seara,după o zi lungă de muncă la vila legatului,Domitilla se întorcea acasă,unde o aștepta Livia.În acele momente,casa lor modestă devenea un sanctuar al liniștii și iubirii materne,departe de intrigile și luxul lumii patricienilor.Pentru Domitilla,locuința era mai mult decât un adăpost; era un simbol al speranței și al devotamentului față de fiica ei,singura rază de lumină într-o viață marcată de constrângeri.Legatul Decimus Varus era un militar cu o carieră strălucită,cunoscut pentru devotamentul său față de Roma și pentru abilitățile sale strategice remarcabile.Originar dintr-o familie patriciană din centrul Italiei,Varus a moștenit o avere considerabilă,pe care a sporit-o prin succesele sale în campanii și prin alianțele politice avantajoase.Averea sa includea o reședință impunătoare în Roma,vile de vacanță în Campania,moșii întinse cu plantații de măslini și vii,și o colecție impresionantă de opere de artă și obiecte de lux aduse din provinciile cucerite.Soția sa,Cornelia,era o femeie rafinată și foarte respectată în cercurile aristocratice.Provenind dintr-o familie influentă,Cornelia își dedicase viața sprijinirii carierei soțului său și educării celor trei copii ai lor:două fete,Claudia și Octavia,și un băiat,Lucius,care urma să-i calce pe urme tatălui său în cariera militară.Reședința lor,situată într-unul dintre cele mai prestigioase cartiere din Roma,era un simbol al bogăției și statutului lor social,cu grădini luxuriante,fântâni elaborate și camere decorate cu mozaicuri complexe.În umbra acestui lux,Flavia,o sclavă din gospodăria familiei Varus,ducea o viață marcată de sacrificii și constrângeri.Originară dintr-o provincie cucerită,Flavia era o femeie frumoasă,cu trăsături delicate și o fire harnică.Relația ei cu Decimus Varus,deși nu era recunoscută oficial,dusese la nașterea a două fete,Julia și Marcella.Deși nu le recunoștea public,Varus avea grijă ca ele să fie bine întreținute și îi oferise Flaviei o casă modestă la periferia Romei,unde să-și crească fiicele.Locuința Flaviei era mică,dar bine întreținută,situată într-un cartier liniștit,locuit de sclavi eliberați și familii modeste.Casa era construită din cărămidă arsă,cu un acoperiș din țiglă,și avea două camere principale.Prima încăpere,care servea drept bucătărie și cameră de zi,era mobilată simplu,cu o masă din lemn,câteva scaune și un mic cămin pentru gătit.

Pe o poliță se aflau câteva vase de lut și un mic altar dedicat Larilor,unde Flavia se ruga pentru protecția fiicelor sale.A doua cameră era dormitorul,care avea un pat din lemn acoperit cu o saltea umplută cu paie și câteva păturici pentru fete.Pe pereții camerei erau agățate câteva textile lucrate de Flavia,iar pe o masă mică se aflau câteva jucării simple,cum ar fi păpuși din lut și piese de lemn sculptate,pe care Flavia le făcuse pentru Julia și Marcella.Flavia se străduia să le ofere fiicelor sale o copilărie cât mai normală,în ciuda circumstanțelor.Julia,cea mai mare,era o fetiță inteligentă și curioasă,cu ochi strălucitori care aminteau de tatăl ei. Marcella,mai mică,era veselă și plină de energie,adorând să o ajute pe mama ei la treburile casei.Seara,după o zi lungă de muncă în vila lui Decimus Varus,Flavia se întorcea la casa ei,unde o așteptau fetele.Pentru ea,acea casă modestă era mai mult decât un loc de refugiu;era un sanctuar al iubirii și al speranței.Deși viața ei era umbrită de inegalități și restricții, Flavia găsea puterea să zâmbească atunci când își vedea fiicele crescând,visând la ziua în care poate vor avea o viață mai bună departe de greutățile sclaviei.Legatul Lucius Brutus era un militar distins,renumit pentru abilitatea sa strategică și devotamentul față de gloria Romei.Provenit dintr-o familie patriciană veche,Brutus purta un nume încărcat de istorie, evocând strămoși legendari care participaseră la formarea Republicii.De-a lungul carierei sale militare,Lucius acumulase o avere substanțială,constând în moșii întinse în Etruria,o vilă luxoasă în Roma și o colecție de obiecte rare aduse din provinciile cucerite.Vila sa din Roma,situată pe colina Palatină,era un simbol al opulenței,decorată cu mozaicuri elaborate,sculpturi din marmură și grădini îngrijite,care reflectau poziția sa privilegiată.Soția sa,Valeria,era o femeie rafinată,cu o educație excelentă,care se dedica administrării gospodăriei și organizării evenimentelor sociale.Împreună aveau un fiu,Quintus,un băiat de doisprezece ani,inteligent și ambițios,destinat unei cariere promițătoare în politică sau armată.Valeria avea grijă să-i ofere lui Quintus o educație solidă,angajând cei mai buni tutori pentru a-l pregăti pentru viitor.În umbra acestei vieți aristocratice se afla Cornelia,o sclavă din gospodăria familiei Brutus,a cărei poveste era complet diferită

Originară dintr-o provincie cucerită,Cornelia era o femeie harnică,cu o fire blândă,dar determinată. Relația ei cu Lucius Brutus,deși ascunsă, dusese la nașterea unui fiu,Titus.Deși Titus nu era recunoscut oficial,Lucius se asigura că Cornelia și copilul său aveau parte de o viață decentă,oferindu-le o casă la periferia Romei.Casa Corneliei era mică,dar bine organizată, situată într-un cartier modest locuit de sclavi eliberați și oameni de rând.Construită din cărămidă și acoperită cu țiglă,locuința avea două camere principale.Prima încăpere era folosită ca bucătărie și spațiu de zi,mobilată cu o masă simplă din lemn,câteva scaune și un mic cămin pentru gătit.Pe o poliță de lemn se aflau câteva vase de lut,iar pe un perete era așezat un altar mic,unde Cornelia se ruga Larilor pentru protecția fiului său.A doua cameră era dormitorul,care avea un pat din lemn acoperit cu o saltea umplută cu paie și câteva pături groase.Într-un colț al camerei,Cornelia amenajase un loc pentru Titus,cu o saltea mică și câteva jucării simple,precum soldați din lut și figurine din lemn sculptate manual.Titus era un băiat voios și curios,cu o asemănare izbitoare cu tatăl său.Cornelia se străduia să îi ofere o educație de bază,învățându-l să citească și să scrie,folosind materiale pe care le primea ocazional de la vila lui Lucius Brutus.Ea visa ca,într-o zi,Titus să aibă o șansă la o viață mai bună,chiar dacă soarta îi fusese potrivnică.Seara,după o zi lungă de muncă în vila patriciană,Cornelia se întorcea acasă pentru a petrece timp cu fiul ei.Casa modestă devenea un loc al liniștii și al iubirii,un refugiu unde Cornelia își găsea puterea să continue.Deși viața ei era marcată de dificultăți,dragostea pentru Titus îi dădea curaj și speranță într-un viitor mai bun.Legatul Marcus Fabius Valens era un comandant militar respectat și un membru al unei familii patriciene de renume din Roma antică.Descendent al unei linii prestigioase,Fabius Valens acumulase o avere considerabilă atât prin moșteniri, cât și prin succesele sale în războaiele purtate în numele Romei.Această avere consta în vaste moșii agricole din Campania,o vilă impunătoare pe colina Aventin și o colecție impresionantă de obiecte de lux,inclusiv bijuterii și artefacte aduse din provinciile cucerite.Soția sa,Antonia,era o femeie educată și cu o prezență socială marcantă,bine cunoscută în cercurile aristocratice.Ea era responsabilă de administrarea gospodăriei și de educația fiicei lor,Fabia,o fetiță de șapte ani cu un spirit curios și o personalitate fermecătoare.Vila familiei era decorată somptuos,cu fresce elaborate,statui din marmură și mozaicuri complicate care reflectau bogăția și rafinamentul familiei.În umbra acestei vieți aristocratice,Livia,o sclavă tânără și harnică,își petrecea zilele lucrând pentru familia Fabius.Originară dintr-o provincie cucerită,Livia era cunoscută pentru priceperea și discreția sa,fiind responsabilă de întreținerea obiectelor de valoare și de organizarea treburilor zilnice.Relația ei cu legatul Marcus Fabius,deși marcată de o anumită apropiere,nu implicase nașterea vreunui copil.Totuși,legatul îi oferise Liviei o casă modestă la periferia Romei,unde aceasta își găsea liniștea după o zi de muncă grea.Casa Liviei era situată într-un cartier modest,locuit de sclavi eliberați și muncitori simpli.Construită din cărămidă,cu un acoperiș din țiglă roșie,locuința era mică,dar bine întreținută.Avea două camere principale:o încăpere multifuncțională care servea drept bucătărie și spațiu de zi și un dormitor mic.În prima încăpere,o masă din lemn și câteva scaune simple ocupau centrul camerei.Un mic cămin pentru gătit era amplasat într-un colț,alături de câteva vase din lut și un cuțit lucrat manual.Pe pereții de lut erau atârnate câteva țesături colorate,iar într-un colț al camerei,Livia amenajase un mic altar dedicat Larilor,unde aprindea lămpi cu ulei în fiecare seară pentru a se ruga pentru protecția ei și a celor pe care îi slujea.

Dormitorul era simplu și modest.Un pat din lemn acoperit cu o saltea umplută cu paie și o pătură groasă ocupa cea mai mare parte a încăperii.Într-un colț al camerei,Livia ținea un cufăr mic din lemn, unde păstra câteva obiecte personale:o eșarfă din pânză,o brățară simplă din bronz și un manuscris vechi cu poezii pe care îl primise de la o prietenă.Pentru Livia,această casă mică era mai mult decât un adăpost;era un simbol al independenței relative și un loc de refugiu unde putea să se regăsească după o zi de muncă.Chiar dacă viața ei era marcată de constrângeri și lipsuri,Livia reușea să-și mențină demnitatea și speranța,trăind cu mândrie în acest spațiu pe care îl îngrijea cu multă dragoste și atenție.Legatul Marcus Fabius Valens,o figură marcantă a Romei antice,provenea dintr-o familie patriciană distinsă,renumită pentru contribuțiile sale la expansiunea Imperiului Roman.Valens acumulase o avere considerabilă prin moșteniri,succesul în campanii militare și administrarea eficientă a proprietăților sale.Familia sa deținea o vilă somptuoasă pe colina Aventin,una dintre cele mai prestigioase locații din Roma,alături de moșii întinse în Campania,renumite pentru producția de vin și ulei de măsline.

Soția sa,Antonia,o femeie rafinată și influentă în cercurile aristocratice,era cunoscută pentru abilitatea ei de a organiza banchete impresionante și pentru grija pe care o acorda educației fiului lor,Tiberius,un băiat de zece ani.Tiberius era pregătit cu tutori de renume,fiind destinat unei cariere strălucite în administrația romană sau în armată.Vila familiei,decorată cu mozaicuri complexe,statui de marmură și fresce elaborate, reflecta luxul și puterea familiei Fabius.În acest univers al opulenței,Helena,o sclavă originară dintr-o provincie elenistică cucerită,ducea o viață marcată de muncă asiduă, dar cu un strop de libertate oferit de înțelegerea tacită dintre ea și stăpânul său.Helena era apreciată pentru inteligența și priceperea ei,ocupându-se de administrarea obiectelor de valoare și de organizarea evenimentelor din vila lui Valens.În semn de recunoaștere,legatul îi oferise o casă modestă la periferia Romei,unde Helena putea să se retragă seara,după ce își încheia îndatoririle.Casa Helenei,situată într-un cartier liniștit locuit de sclavi eliberați și familii modeste,era o locuință mică,dar bine îngrijită.Construită din cărămidă cu un acoperiș din țiglă roșie,casa avea două camere principale.Prima cameră, utilizată ca spațiu comun și bucătărie,era mobilată simplu,cu o masă din lemn,câteva scaune și un mic cuptor de lut pentru gătit.Pe o poliță din lemn erau așezate vase de lut,iar pe un perete se afla un mic altar dedicat zeilor protectori ai casei,Larilor.Dormitorul,situat în cealaltă încăpere,era decorat modest.Un pat din lemn,acoperit cu o saltea din paie și o pătură groasă,ocupa cea mai mare parte a camerei.Lângă pat,Helena păstra un cufăr mic în care își ținea câteva obiecte personale:o tunică bine țesută,o brățară simplă din bronz și un sul cu poezii elene,un dar primit de la un vizitator al familiei Fabius.Grădina mică din spatele casei era locul preferat al Helenei.Aici cultiva ierburi aromatice și flori,găsindu-și liniștea după o zi agitată.Seara,Helena își petrecea timpul citind sau meditând,

bucurându-se de momentele de pace din casa sa modestă.Deși viața ei era marcată de constrângeri,Helena reușise să creeze un spațiu al propriei identități,un loc care,deși mic și simplu,era un refugiu prețios în care putea să viseze la un viitor mai liber și mai fericit.Legatul Gaius Cato era un lider militar de seamă al Romei antice,cunoscut pentru hotărârea și eficiența sa în campaniile militare din provinciile de frontieră.Provenea dintr-o familie patriciană respectată,care își câștigase locul în elita romană prin generații de servicii dedicate Republicii și,mai târziu,Imperiului.Avuția sa,obținută atât prin moștenire,cât și prin succesul în războaie,cuprindea moșii fertile în Etruria,o vilă luxoasă în centrul Romei,pe colina Esquilin,și numeroase opere de artă și obiecte rare,aduse din teritoriile cucerite.Soția sa, Claudia,era o femeie de o frumusețe clasică și un caracter pragmatic,devotată atât familiei,cât și administrării gospodăriei.Ea avea un rol central în viața socială a familiei Cato,organizând banchete fastuoase și întreținând relații cu alte familii patriciene.Claudia și Gaius aveau un fiu,Marcus,de nouă ani,un băiat energic și curios,destinat să urmeze pașii tatălui său în cariera militară.Educat de cei mai buni tutori,Marcus era pregătit pentru un viitor strălucit în societatea romană.În această gospodărie impunătoare lucra Antonia,o sclavă harnică și devotată,originară dintr-o provincie mediteraneană cucerită de Roma.Deși viața ei era marcată de muncă grea și restricții,Antonia se bucura de o anumită stabilitate.Relația ei cu legatul Gaius Cato,deși profesională,era bazată pe respect reciproc,ceea ce îi adusese o oarecare libertate.Legatul îi oferise o mică locuință la periferia Romei,unde Antonia se retrăgea în fiecare seară după terminarea treburilor.Casa Antoniei era situată într-un cartier modest,locuit de sclavi eliberați și muncitori.Construită din cărămidă simplă,cu un acoperiș din țiglă roșie,casa avea două camere principale.Prima cameră era folosită ca bucătărie și spațiu comun,având o masă din lemn,câteva scaune și un mic cuptor de lut pentru gătit.Într-un colț se afla un altar simplu dedicat Larilor,decorat cu lămpi de lut și câteva flori uscate.Dormitorul Antoniei era modest,dar îngrijit.Patul său,construit din lemn simplu,era acoperit cu o saltea umplută cu paie și o pătură groasă din lână.În cameră se afla un cufăr mic,unde Antonia păstra câteva obiecte personale:o tunică bine cusută,o eșarfă colorată primită în dar și un mic amulet de argint pe care îl purta ca semn de protecție.În curtea din spatele casei,Antonia avea o mică grădină unde cultiva ierburi aromatice și flori.Aceasta era o oază de liniște pentru ea,un loc unde putea să-și regăsească energia după o zi plină.Deși locuința ei era simplă,Antonia o îngrijea cu devotament,transformând-o într-un spațiu cald și primitor.Seara,după ce își termina treburile la vila lui Gaius Cato,Antonia se întorcea în această casă,unde găsea un moment de liniște și pace.Deși viața sa era umbrită de statutul său de sclavă,locuința de la periferie îi oferea o fărâmă de independență și un loc pe care îl putea numi „acasă".Legatul Titus Sabinus era un lider respectat în armata romană,cunoscut pentru loialitatea sa față de Imperiu și pentru succesul în mai multe campanii militare care au consolidat granițele Romei.Provenea dintr-o familie de rang senatorial,a cărei avere provenea din moșii întinse în Latium și din comerțul cu ulei de măsline și vin.Locuința sa principală era o vilă somptuoasă pe colina Palatin,simbol al statutului său privilegiat.Soția sa,Julia, era o femeie distinsă,apreciată pentru frumusețea și înțelepciunea ei.Julia se ocupa de organizarea vieții sociale a familiei,fiind gazda unor banchete extravagante care atrăgeau senatori,ofițeri și poeți renumiți.Cuplul avea o fiică,Sabina,de opt ani,care era educată de tutori de elită,pregătită să-și continue linia familială într-un mariaj prestigios.Sabina era o fetiță inteligentă,interesată de artă și poezie,un simbol al viitorului promițător al familiei.În această gospodărie opulentă,Lavinia,o sclavă tânără și pricepută,își desfășura activitatea.Originară dintr-o provincie balcanică,Lavinia fusese capturată în timpul unei campanii militare și adusă la Roma.Deși viața ei era dedicată servirii familiei Sabinus,Lavinia era respectată pentru hărnicia și loialitatea ei.Ca recunoaștere,Titus Sabinus îi oferise o mică locuință la periferia Romei,unde se retrăgea în fiecare seară.Casa Laviniei era situată într-un cartier liniștit, locuit de sclavi eliberați și muncitori.Construită din cărămidă simplă,locuința avea două camere principale,fiind modestă,dar funcțională.Prima încăpere,care servea drept spațiu comun și bucătărie,era decorată cu grijă.O masă din lemn solid,câteva scaune și un mic cuptor de lut erau principalele obiecte de mobilier.Pe pereți,Lavinia atârnase câteva țesături colorate,adăugând un strop de personalitate locuinței.Dormitorul era o cameră mică,dar bine organizată. Patul său,simplu,dar confortabil,era acoperit cu o pătură groasă din lână.Într-un colț al camerei,Lavinia păstra un cufăr mic din

lemn,unde își ținea puținele bunuri personale:o tunică bine țesută,o eșarfă primită cadou și un mic amulet de bronz,considerat un talisman norocos.Lângă fereastră,o lampă de lut asigura iluminarea în serile târzii,când Lavinia obișnuia să își noteze gândurile sau să citească poezii simple.Grădina din spatele casei era o mică oază,unde Lavinia cultiva ierburi aromatice,câteva flori sălbatice și legume pentru uz personal. Aceasta era zona ei de refugiu,unde își găsea liniștea după o zi agitată în serviciul familiei Sabinus.Deși viața Laviniei era marcată de constrângeri,casa sa modestă era un loc de siguranță și intimitate.Aici,departe de tumultul Romei și de obligațiile zilnice,Lavinia putea să viseze și să-și regăsească forțele pentru ziua următoare.Această locuință simboliza micile libertăți pe care și le putea permite,oferindu-i un sentiment de apartenență și speranță.Legatul Quintus Tullius era un om de încredere al Senatului și un lider militar de succes,renumit pentru calmul și priceperea sa strategică.Provenind dintr-o familie de cavaleri,Quintus își construise reputația și averea prin ani de campanii și prin gestionarea eficientă a resurselor sale.Familia Tullius deținea o vilă elegantă în apropiere de Forumul Roman, în centrul orașului, și moșii extinse în Sicilia,cunoscute pentru producția de grâne și vinuri.Soția sa,Flavia,era o femeie nobilă cu o educație aleasă.Deși căsătoria lor era mai mult o alianță politică decât una de dragoste,cei doi mențineau o relație de respect reciproc.Flavia era foarte activă în cercurile sociale ale elitei romane și se ocupa de educația unicului lor fiu legitim, Marcus,un băiat de doisprezece ani,ambițios și studios.Familia Tullius își manifesta bogăția prin fastul banchetelor, eleganța vestimentației și operele de artă care decorau vila.Silvia, sclava lui Quintus,avea o poveste aparte.Originară dintr-o regiune muntoasă a Italiei,ea fusese capturată în timpul unui conflict local și adusă în casa Tullius.Deși sclava,Silvia era inteligentă, muncitoare și loială,ceea ce îi câștigase respectul lui Quintus.Relația lor dusese la nașterea unui băiat,Lucius,care, deși recunoscut doar în cercuri private,primea sprijin și protecție din partea legatului.Pentru loialitatea și devotamentul său,Silvia primise permisiunea de a locui într-o casă modestă la periferia Romei,unde își creștea fiul.Locuința Silviei era situată într-un cartier liniștit,populat de sclavi eliberați și muncitori.Casa era construită din cărămidă și avea un acoperiș din țiglă roșie.Deși mică,locuința era bine întreținută,reflectând grijă și ordine. Interiorul era simplu, dar confortabil,cu două camere principale.Camera de zi și bucătăria erau combinate într-un spațiu unic.O masă solidă din lemn ocupa centrul camerei,alături de câteva scaune simple.Într-un colț, un mic cuptor de lut servea pentru gătit.Pe un raft din lemn,Silvia păstra vase de lut și câteva unelte de bucătărie.Pereții erau decorați cu țesături colorate,iar un mic altar dedicat Larilor aducea o notă spirituală spațiului.Dormitorul era o cameră simplă,dar primitoare.Patul principal era făcut din lemn și era acoperit cu o pătură groasă din lână.Un alt pat mai mic,destinat lui Lucius,era așezat lângă perete.În cameră se află un cufăr mic unde Silvia păstra hainele și câteva obiecte personale,inclusiv un medalion de argint oferit de Quintus și câteva jucării simple ale fiului ei.Grădina din spatele casei era locul preferat al Silviei și al lui Lucius.Aici,Silvia cultiva ierburi aromatice și legume,iar Lucius se juca cu prietenii săi.Grădina avea și un mic loc de odihnă,unde Silvia medita seara după o zi de muncă.Deși viața Silviei era departe de a fi lipsită de greutăți,casa ei reprezenta un refugiu,un loc unde se putea bucura de momentele liniștite alături de fiul ei.Pentru Lucius,această casă era locul unde își imagina viitorul,inspirat de sprijinul mamei și de influența tatălui său.Legatul Sextus Cornelius era un personaj influent al Romei antice,apreciat pentru priceperea sa militară și pentru abilitatea de a menține ordine în provinciile imperiale.Provenit dintr-o familie patriciană,Sextus moștenise o avere considerabilă,care includea moșii vaste în Campania,faimoase pentru livezile de măslini și podgoriile de vin.Reședința principală a familiei era o vilă somptuoasă pe colina Aventin,decorată cu mozaicuri elaborate și statui importate din Grecia.Soția lui,Aurelia,era o femeie rafinată,cunoscută pentru eleganța și inteligența ei.Relația lor,deși politică mai degrabă decât romantică,era funcțională,bazată pe respect reciproc.Cuplul avea o fiică,Claudia,în vârstă de zece ani,o tânără plină de energie,pasionată de poezie și muzică,educată cu grijă pentru a deveni o prezență demnă în cercurile înalte ale societății romane.În această gospodărie fastuoasă,Marcia,una dintre sclavele familiei,juca un rol esențial.Originară dintr-o provincie din Gallia,Marcia fusese capturată în timpul unei campanii militare și adusă la Roma.Inteligentă și muncitoare,ea a câștigat încrederea legatului Sextus Cornelius.Relația lor discretă a dus la nașterea unui băiat,Publius, care,deși nu era recunoscut oficial, primea protecția tatălui său.Marcia locuia într-o casă mică,dar îngrijită,la periferia Romei,unde își creștea fiul.

Locuința Marciei era situată într-un cartier liniștit, departe de agitația centrului Romei,în apropierea altor case aparținând sclavilor eliberați sau celor aflați în serviciul aristocrației.Casa era modestă,construită din cărămidă,cu un acoperiș din țiglă roșie și o mică curte interioară.Deși simplă,locuința reflecta grija și hărnicia Marciei.Camera principală servea drept bucătărie și spațiu comun.O masă robustă din lemn ocupa centrul încăperii,înconjurată de câteva scaune simple.Într-un colț se afla un cuptor de lut,folosit pentru gătit,iar pe rafturile din lemn erau așezate vase și ustensile din lut și bronz.Pe unul dintre pereți,un mic altar dedicat Larilor aducea un element spiritual locuinței,fiind decorat cu lămpi și ofrande simbolice.Dormitorul era împărțit între Marcia și fiul ei,Publius.Patul principal era simplu,dar confortabil,acoperit cu o pătură groasă din lână.Publius avea un pat mai mic,așezat lângă fereastră.În cameră se afla un cufăr unde Marcia păstra hainele și câteva obiecte personale:o tunică bine cusută,o eșarfă colorată și un mic medalion din argint,primit de la Sextus Cornelius.Curtea interioară era locul preferat al lui Publius,unde se juca sau ajuta la îngrijirea plantele cultivate de Marcia.Grădina mică din curte includea ierburi aromatice,câteva flori și legume necesare traiului zilnic.Era un spațiu de liniște,unde mama și fiul petreceau momente valoroase împreună.Deși viața Marciei era departe de a fi lipsită de dificultăți,casa sa reprezenta un refugiu.Pentru Publius,locuința era locul în care simțea iubirea și devotamentul mamei sale,iar pentru Marcia,era o mică oază de stabilitate într-o viață altminteri nesigură.Această casă modestă simboliza lupta pentru demnitate și speranță,chiar și în circumstanțe dificile.Legatul Gaius Flavius era un om influent și respectat în Roma antică,cunoscut pentru serviciile sale în armata imperială și pentru pozițiile importante pe care le deținea în administrația romană.Provenind dintr-o familie cu o tradiție veche de soldați și oficiali,Gaius și-a construit o avere considerabilă prin câștigurile obținute din campaniile de expansiune și prin gestionarea eficientă a moșiilor sale,care se întindeau pe teritoriile din sudul Italiei și din provinciile dinspre est.Casa principală a legatului era o vilă impunătoare situată în inima Romei,aproape de colina Palatină.Aceasta reflecta statutul său de om influent și prosper,având mozaicuri minunate,grădini terasate și o colecție de statui grecești ce înfrumusețau curtea interioară.Gaius era căsătorit cu Cornelia,o femeie dintr-o familie patriciană respectabilă,cunoscută pentru inteligența și farmecul său.Împreună aveau un fiu,Marcus,în vârstă de 8 ani, despre care Gaius avea mari speranțe,dorind să-l pregătească pentru o carieră militară de succes,asemenea lui.În această gospodărie opulentă trăia și Prima,sclava lui Gaius Flavius,o femeie tânără și inteligentă,originară dintr-o provincie a Imperiului Roman.Deși statutul ei era cel de sclavă,Prima se bucura de o anumită libertate datorită relației speciale pe care o avea cu Gaius.Aceasta i-a dăruit un băiat,Lucius,care,deși nu era recunoscut public ca fiu al legatului, beneficia de protecția tatălui său și de o viață mai bună decât alți copii ai sclavilor. După ce își petrecea zilele lucrând în casa principală a legatului,Prima se întorcea seara la casa sa modestă de la periferia Romei,unde își creștea fiul.Locuința Primei era situată într-un cartier mai liniștit al Romei,departe de agitația urbană din centrul orașului,dar totuși într-o zonă în care mulți sclavi și foste sclavi trăiau în case simple, dar funcționale.Casa era mică,cu o construcție modestă din cărămidă, dar foarte bine îngrijită.Acoperișul din țiglă roșie adăpostea o încăpere principală și o mică curte interioară. Locuința era funcțională,dar nu lipsea de confortul necesar unei vieți de zi cu zi.Camera principală servea atât ca zonă de locuit,cât și ca bucătărie.O masă din lemn solid ocupa centrul încăperii,în jurul căreia se aflau câteva scaune de lemn simple.Pe un colț al camerei se afla un cuptor mic,folosit pentru prepararea meselor,iar pe rafturi erau așezate oale de lut, vase de bronz și câteva ustensile de gătit esențiale pentru traiul zilnic.Într-un colț,un mic altar adăpostea statuete mici ale zeilor romani,de obicei Larilor și Penatelor,care aduceau protecție și noroc casei.Dormitorul era modest,dar confortabil,având un pat din lemn acoperit cu o pătură groasă de lână.Patul pentru Lucius era mai mic,așezat lângă patul mamei sale,astfel încât aceștia să poată fi aproape unul de celălalt.Un cufăr din lemn păstra hainele,obiectele personale ale Primei și câteva jucării simple ale fiului ei.În curtea din spate,Prima avea un mic loc de grădinărit unde creștea legume,plante medicinale și câteva flori de sezon.Acesta era locul preferat de Lucius,care se juca cu prietenii săi sau ajuta la îngrijirea plantelor.Aici,Prima își petrecea serile,meditând la viața pe care o avea și la viitorul fiului ei.Deși casa era simplă,ea simboliza un loc de refugiu și siguranță pentru Prima și Lucius.Chiar dacă viața lor era marcată de statutul de sclav și dificultățile economice,această locuință era un loc al căldurii și al iubirii materne, în care lucurile mici și de zi cu zi își păstrau importanța.În fiecare seară,după o zi de muncă în casa legatului,Prima se întorcea la această casă,unde își găsea liniștea și unde spera ca fiul său să poată avea un viitor mai bun.Legatul Lucius Crassus era un om de mare influență în Roma antică,un patrician respectat,provenind dintr-o familie cu tradiție în administrația imperială și în armata romană.Crassus își făcuse o avere considerabilă printr-o combinație de moșii agricole,contracte comerciale și funcții înalte în armata romană.Cu toate acestea,succesul său nu era doar financiar;familia sa deține o reputație de onorabilitate și loialitate față de statul roman.Casa lui Lucius Crassus era o vilă impunătoare situată pe colina Esquilina,un loc deosebit de respectabil în Roma.Clădirea era construită din marmură albă și piatră fină,cu grădini ample,decorate cu statui și fântâni.Era o vilă în stil clasic roman,cu o curte interioară mare,unde familia petrecea mult timp în aer liber,înconjurată de vegetație luxuriantă și piscine ornamentale.În plus,Crassus avea o casă de vară pe țărmul Mării Tireniene,loc unde se retrăgea adesea pentru a-și reîncărca bateriile după campaniile militare obositoare.Soția sa,Aurelia,era o femeie cu o educație rafinată,cunoscută pentru înțelepciunea și frumusețea sa.Aceasta provenea dintr-o familie nobilă,iar mariajul lor fusese aranjat mai degrabă pentru consolidarea alianțelor politice și economice decât din dragoste.Împreună aveau un fiu,Tiberius,în vârstă de doisprezece ani,care era deja educat în tradițiile romane,învățând filosofia și politica,pregătindu-se pentru o carieră politică de succes.În această gospodărie fastuoasă trăia și Vibia,sclava personală a legatului Lucius Crassus.Vibia era o tânără de o frumusețe remarcabilă, adusă de la granițele imperiului,și se bucura de un statut aparte, având o relație de încredere cu stăpânul său.De-a lungul timpului,Vibia i-a dăruit un băiat lui Lucius,pe care-l numise Marcus.Deși Marcus nu era recunoscut oficial ca fiul legatului,

Gaius Crassus îl proteja pe băiat și îi asigura o viață mai bună decât ar fi avut în mod normal un sclav. După cum era obișnuit în aceste cazuri, Vibia lucra ziua în casa legatului, îngrijind diverse treburi menajere și asistându-l pe Crassus, iar seara se întorcea la propria ei locuință, unde își creștea fiul cu iubire și devotament. Locuința Vibia era situată într-un cartier modest de la periferia Romei, unde mulți dintre sclavi și foști sclavi locuiau. Această zonă era adesea mai puțin favorabilă din punct de vedere economic, dar și mai liniștită decât agitația centrală a orașului. Casa era simplă, construită din cărămidă și lemn, cu o curte mică dar suficientă pentru a adăposti o mică grădină și pentru a oferi un loc de joacă fiului său. Camera principală servea atât ca loc de locuit, cât și ca spațiu de gătit. Pe perete erau agățate câteva vase de lut și un cuptor mic din piatră pentru gătit. Vibia își petrecea multe ore în acest spațiu, pregătind mesele pentru ea și fiul ei, în timp ce îl învăța pe Marcus lucruri esențiale despre viață și despre cultura romană. Masa era simplă, din lemn, iar câteva scaune din același material erau aliniate lângă fereastra ce dădea spre stradă.

Dormitorul era modest și era folosit de Vibia și de Marcus.Patul era simplu,din lemn,cu o saltea subțire de fân și câteva perne.Lângă pat se afla un mic cufăr din lemn,care conținea obiectele de îmbrăcăminte și câteva bijuterii de valoare modestă, pe care Vibia le ținea ca amintire de la familie sau de la fostul ei stăpân.În această încăpere,Vibia și Marcus aveau puține lucruri,dar fiecare obiect era bine îngrijit și important pentru viața lor.Curtea casei era mică,dar bine îngrijită,având câteva flori și plante aromatice cultivate de Vibia.Aici,Marcus se juca cu prietenii lui sau ajuta la îngrijirea plantelor,iar Vibia,adesea, folosea acest spațiu pentru a reflecta la viața pe care o ducea și la viitorul fiului ei.Era un loc de pace și calm,unde se simțea protejată de lumea exterioară,dar totodată conștientă de statutul său ca sclavă.Deși viața sclavei Vibia era marcată de muncă grea și de statutul său subordonat în casa legatului,locuința ei reprezenta pentru ea un loc al căldurii,un loc unde își putea crește fiul cu dragoste și îngrijire.Această locuință simboliza supraviețuirea și speranța unei vieți mai bune pentru fiul ei,în ciuda limitărilor impuse de statutul său.Legatul Decimus Flaccus era un om influent și respectat în Roma antică,un patrician de origine nobilă,care a acumulat o avere considerabilă pe parcursul carierei sale în administrarea imperiului și în cadrul armatei romane.Flaccus era cunoscut pentru bogățiile sale,provenite din moșii agricole imense,deținute în diferite părți ale Imperiului Roman,inclusiv în provinciile Galia și Hispania,dar și din afaceri comerciale profitabile.În plus,el avea un rol important în guvernarea provinciei din care provenea,unde își desfășura activitatea ca legat imperial.Locuința principală a lui Decimus Flaccus era situată în centrul Romei,o vilă magnifică,decorată cu fresce și mozaicuri de o mare valoare artistică.Aceasta se afla într-o zonă exclusivistă, aproape de colinele din vestul orașului,de unde se puteau admira priveliști minunate ale orașului și ale forumului roman.Vila era un loc de mare prestanță,cu grădini vaste și fântâni de marmură,unde Flaccus își petrecea timpul în compania soției sale,Aemilia,o femeie de o frumusețe desăvârșită și de o educație aleasă.Aemilia și Decimus Flaccus aveau un fiu,Tiberius,un băiat în vârstă de zece ani,care era crescut cu grijă,urmând o educație riguroasă în tradițiile romane.Acesta studia filozofia,dreptul roman și artele războinice,pregătindu-se pentru o viitoare carieră în administrația imperială sau în armata romană.Familia Flaccus era considerată un exemplu de înțelepciune și succes în Roma antică,având o reputație impecabilă atât în cercurile politice,cât și în cele economice.În această casă magnifică lucra și Claudia,sclava personală a lui Decimus Flaccus.Claudia era o femeie tânără și frumoasă,adusă dintr-o provincie îndepărtată,de la granițele Imperiului.Deși statutul ei era unul de sclavă,Claudia avea o relație apropiată cu familia Flaccus, fiind considerată o încredere personală a stăpânului.Cu toate acestea,era evident că locul ei în societatea romană era subordonat,iar drepturile sale erau limitate de statutul său de sclavă.Claudia i-a dăruit lui Decimus Flaccus un băiat,pe care-l numise Marcus.Chiar dacă băiatul nu era recunoscut oficial de legat, acesta trăia cu Claudia și beneficia de protecția acestuia.Deși nu aveau statutul unei familii legale,Claudia și fiul ei aveau o viață mai bună decât alți sclavi,iar Marcus era crescut cu iubire și atenție,în ciuda condițiilor grele impuse de statutul său.Locuința sclavei Claudia era modestă,situată într-un cartier de la periferia Romei,unde mulți sclavi și foști sclavi își aveau locuințele.Această zonă,deși nu se bucura de luxul și opulența centrului orașului,era relativ liniștită și mai puțin aglomerată.Casa sclavei Claudia era o clădire modestă,construită din cărămidă și lemn,cu o singură cameră mare care servea drept spațiu de locuit,de gătit și de depozitare a lucrurilor.Interiorul casei era simplu,cu mobilier rudimentar,dar bine îngrijit.În centrul camerei se afla un pat din lemn,cu o saltea de fân,unde Claudia și fiul ei dormeau.

Pe perete erau agățate câteva vase de lut și câteva cârpe care serveau ca țesături de uz casnic.Într-un colț al camerei era un mic cuptor de lut,folosit pentru gătit,iar lângă acesta se aflau câteva linguri și ustensile de gătit din metal.Claudia își petrecea majoritatea timpului în acest spațiu, pregătind mesele și având grijă de Marcus.De asemenea, mama și fiul își petreceau timpul discutând,învățând lucruri noi despre viața în Roma și despre tradițiile romane.În această mică locuință,Claudia îi insufla băiatului său înțelepciune și dorința de a reuși într-o lume care nu îi acorda multe șanse.Curtea exterioară era un loc unde Marcus se juca și unde Claudia cultiva câteva plante și flori.Grădina era mică,dar destul de plăcută pentru a le adăposti pe cele două ființe.Deși spațiul era restrâns,Claudia reușea să creeze un mediu primitor,unde se simțeau în siguranță,departe de agitația și riscurile vieții din Roma.Claudia nu se putea considera o femeie liberă, dar locuința ei, deși modestă, reprezenta pentru ea un loc al protecției și iubirii față de fiul ei,Marcus.Aici,în mijlocul unei vieți grele, ea reușea să își creeze un colț de liniște și speranță,visând la o viață mai bună pentru băiatul său.

Drusillei antrenoarea femeilor Gladiator

Zorii abia mijeau pe cerul Romei când sunetul metalului lovind metal și strigătele ascuțite ale gladiatoarelor răsunau deja în curtea de antrenament.Era o dimineață obișnuită pentru femeile captive, transformate în războinice pentru amuzamentul mulțimilor din Colosseum.Sub privirea strictă a lui Drusilla,o fostă gladiatoare devenită antrenoare,cele treizeci și șapte de femei erau împărțite în grupuri și puse să se antreneze fără încetare.Drusilla,o veterană de temut,supraviețuitoare a peste douăzeci de lupte în arenă,era cunoscută pentru duritatea și exigența sa.Originară din Tracia,avea o reputație nemiloasă și o tehnică impecabilă de luptă,ceea ce o transformase într-o legendă vie.Curtea era un amestec de haos controlat: femeile se duelau în cupluri,exersând atacuri și parări sub indicațiile strigate ale Drusillei.

-Ridică scutul mai sus,Valeria! Încă o lovitură ca asta și vei fi doborâtă! striga ea,fără a arăta nici măcar o urmă de răbdare.Valeria,cu fața încruntată,răspundea cu o determinare furioasă,lovind cu mai multă precizie.Nisria,care se antrena alături,își ajusta poziția,respirând greu,dar rămânând concentrată.Rivalitatea dintre gladiatoare era un element constant în fiecare zi.Valeria și Talia,două dintre cele mai puternice și respectate dintre ele,își disputau adesea locul de lider al grupului.În timp ce Valeria era cunoscută pentru agresivitatea ei neînfricată și pentru abilitățile de luptă corp la corp,Talia compensa cu o strategie calmă și calculată.În timpul unui duel de antrenament,cele două femei se priveau intens,fiecare căutând să-și demonstreze superioritatea.Valeria încerca o lovitură rapidă cu gladiusul,dar Talia anticipa mișcarea și contracara cu o mișcare precisă de scut,făcând-o pe Valeria să-și piardă echilibrul.

-Mai bine,Talia! Așa îți vei învinge adversarii,spuse Drusilla cu un

zâmbet rar,dar aprobat.Valeria își strânse maxilarul,evident iritată de corecția primită,dar își ascunse frustrările.Era clar că în mintea ei se cocea un plan de revanșă.Într-un colț,Nisria se antrena împreună cu Samira,exersând atacuri combinate cu sulița și scutul.
-Trebuie să te miști mai rapid, Samira,îi spuse Nisria,cu vocea calmă,dar autoritară.Samira dădu din cap,încercând să-și ajusteze mișcările.
-Mai rapid,dar nu mai neglijent! strigă din nou Drusilla,observând cu coada ochiului eforturile lor.În mijlocul antrenamentului,Drusilla ordonă un exercițiu de rezistență:fiecare femeie trebuia să care un sac greu de nisip pe o distanță de 100 de metri și apoi să revină în fugă.Era o sarcină obositoare,menită să le întărească rezistența fizică și mentală.Valeria,hotărâtă să-și recâștige poziția,sprinta cu o viteză care îi făcu pe ceilalți să tacă pentru un moment.
-Asta e! strigă Drusilla.
-Așa vreau să vă văd pe toate.Pe parcursul zilei,tensiunile dintre gladiatoare creșteau.Rivalitățile erau inevitabile,dar în același timp,

în acele momente de antrenament intens,devenea clar că,dincolo de orgolii,erau unite de aceeași soartă.

-Mai devreme sau mai târziu,vom intra împreună în arenă,spuse Nisria încet către Samira.

-Și atunci,toate aceste lupte dintre noi nu vor mai conta.Pe măsură ce soarele începea să apună,gladiatoarele își terminaseră antrenamentul,cu corpuri transpirate și pline de vânătăi. Drusilla le privi cu o expresie de mulțumire ascunsă,dar nu le oferi niciun cuvânt de laudă.

-Mergeți și odihniți-vă.Mâine va fi și mai greu,spuse ea simplu,înainte de a pleca.Astfel,fiecare zi de antrenament era o luptă nu doar împotriva celorlalte,ci și împotriva propriilor limite,pregătindu-le pentru inevitabila confruntare cu moartea din arena gladiatorilor.

Capitolul 8.Întâlnirea Senatorului Gaius Valerius Maximus cu Varus și Valeria

Soarele strălucea intens peste măreţul Colosseum,ale cărui ziduri impunătoare răsunau de strigătele entuziasmate ale mulțimii.Arena era plină până la refuz,mii de oameni ocupând locurile destinate tuturor categoriilor sociale,de la plebe până la elitele senatoriale.La loja imperială,Senatorul Gaius Valerius Maximus stătea alături de soția sa,Aurelia Claudia,admirând spectacolul sângeros ce urma să se desfășoare.Aurelia,o femeie grațioasă,dar cu privirea rece,privea arena cu un interes abia mascat,în timp ce senatorul era absorbit de atmosfera electrizantă.În arenă,cele cinci gladiatoare.Valeria,Talia,Nisria,Claudia,și Samira,stăteau în formație,pregătindu-se pentru confruntarea cu un grup de opt gladiatori bărbați, special antrenați pentru a le testa limitele.Ele știau că era o luptă dezechilibrată,dar nu pentru prima dată viețile lor depindeau de abilitățile și determinarea lor.Fiecare dintre ele avea armele pregătite,iar în ochii lor ardea un foc care îmbina furia,curajul și supraviețuirea.Când gongul răsună,marcând începutul luptei,spectatorii explodară în urale.Gladiatorii atacară primele,coordonându-se cu o precizie uimitoare.Valeria,liderul lor neoficial, ținea linia frontală,parând atacurile și contraatacând cu gladiusul său cu mișcări rapide și letale.Talia,folosindu-și agilitatea și forța,neutraliza adversarii din lateral,iar Nisria se lupta cu o suliță,ținând inamicii la distanță.Pe parcursul luptei,arena se transforma într-un câmp de bătălie sângeros.Mulțimea ovaționa de fiecare dată când una dintre gladiatoare reușea o lovitură impresionantă.Claudia și Samira contribuiau la haos cu lovituri precise,iar în scurt timp,șase dintre cei opt adversari zăceau pe nisipul însângerat.Ultimii doi,realizați că nu aveau șanse,încercară să cedeze,dar publicul striga pentru execuție.Valeria,cu o expresie de oțel,livră lovitura finală,încheind spectacolul.Când gongul răsună din nou,mulțimea explodă în aplauze.Femeile stăteau drepte,obosite,dar triumfătoare,în fața mulțimii care le aclama ca pe niște zeițe ale

războiului.Gaius Valerius Maximus,de la loja sa,părea impresionat,ochii săi fixându-se în mod deosebit asupra Valeriei.
„Fascinantă," murmură el către Aurelia,care ridică o sprânceană.
-Vreau să o cunosc.A doua zi,Valeria,înfășurată într-o nouă haină curată,stătea în celula sa,așteptând.Fuseseră trimise servitoare pentru a o pregăti pentru întâlnire,un eveniment extrem de rar pentru o gladiatoare.Femeile o pieptănau și îi netezeau părul,iar una dintre ele, pe nume Livia,îi aplică un parfum ușor.
-Nu te gândi la nimic altceva decât la supraviețuire,îi șopti Livia,o sclavă mai bătrână,care înțelegea cum funcționa politica romană.
-Supraviețuirea este tot ce știu,răspunse Valeria cu un ton neutru, dar în privirea ei se vedea un licăr de curiozitate.Ea nu era obișnuită să fie tratată altfel decât ca o unealtă de spectacol.Faptul că un senator roman dorea să o cunoască îi trezea sentimente amestecate.Cu hainele ajustate și pielea curățată de sângele și murdăria din arenă,Valeria ieși din închisoare însoțită de două gărzile.Pașii ei rezonau în curtea închisorii,iar ceilalți prizonieri o priveau cu un amestec de respect și invidie.Fiecare dintre ei știa că o astfel de întâlnire putea să însemne libertate,o alianță neașteptată,sau,la fel de bine,o capcană.Valeria,însă,părea hotărâtă să înfrunte orice ar urma.Locuința de vară a senatorului Gaius Valerius Maximus era o vilă opulentă,situată pe o colină din apropierea Romei,înconjurată de livezi de măslini și grădini luxuriante.Construită din marmură albă și decorată cu mozaicuri complicate ce reprezentau scene din mitologia romană,vila emana bogăție și putere.Fântâni ornamentale se aflau în mijlocul grădinilor,iar sunetul apei curgătoare adăuga o notă de serenitate locului.Valeria ajunse însoțită de doi sclavi care o conduseră prin curtea grandioasă până la intrarea principală.Ușile masive din lemn de cedru,decorate cu incrustații din bronz,se deschiseră pentru a dezvălui interiorul splendid al vilei.Senatorul o aștepta în atrium,

stând relaxat pe un scaun decorat cu fildeș, îmbrăcat într-o tunică albă simplă,dar de o calitate evidentă.Alături de el se afla un castron cu fructe proaspete și o cupă de vin.Ochii lui Gaius Valerius Maximus se fixară imediat asupra Valeriei,examinând-o cu o privire calculată,dar interesată.Era clar că prezența sa fizică îl impresiona:statura ei atletică,pielea bronzată de soare și cicatricile discrete care spuneau povești despre luptele pe care le câștigase.Valeria stătea dreaptă,cu o expresie calmă și sigură,simțind că fiecare mișcare a sa era analizată.
-Valeria,spuse senatorul pe un ton cordial,dar cu autoritatea unui om obișnuit să fie ascultat.
-Ești la fel de fascinantă în afara arenei precum ești în mijlocul luptei.Spune-mi,cum reușești să rămâi atât de puternică într-o lume care caută să te distrugă?
-Forța vine din voința de a supraviețui,stăpâne,răspunse Valeria,plecând ușor capul într-un gest de respect,dar păstrând în vocea ei o notă de mândrie.
-Fiecare luptă e o dovadă a ceea ce pot realiza.Senatorul zâmbi,mulțumit de răspuns.
-Foarte bine spus.Urmează-mă.O conduse printr-un coridor larg decorat cu statui și tablouri elaborate,până la băile termale private ale vilei.Încăperea era dominată de un bazin mare,cu apă aburindă,luminată de torțe montate pe pereți.Aburii dansau în aer,iar mirosul de uleiuri esențiale plutea peste suprafața apei.Marmura de culoare albastru-verzui care căptușea pereții și podeaua reflecta lumina într-un joc de nuanțe delicate.
-Intră,spuse senatorul,lăsându-și tunica să cadă pe podea înainte de a păși în apă.Gestul său era unul obișnuit pentru cineva obișnuit cu luxul și puterea.Valeria ezită o clipă,dar nu pentru că era intimidată,ci pentru că știa că momentul acesta era crucial.Era conștientă că trebuia să facă o impresie bună pentru a câștiga simpatia senatorului.

Servitoarele i-au oferit o robă de mătase pe care Valeria o îndepărtă cu o grație calculată,intrând în apă alături de Gaius Valerius Maximus.Mișcările ei erau fluide și precise,așa cum erau în arenă,dar acum le adapta pentru a emana feminitate și atracție.Apa caldă îi învăluia corpul obosit,relaxându-i mușchii tensionați.Senatorul o privi cu un amestec de admirație și dorință.
-Tu nu ești doar o simplă gladiatoare,spuse el.
-Ai un spirit rar întâlnit.O combinație de forță și frumusețe care te face unică.Valeria zâmbi subtil,evitând privirea directă,dar răspunzând cu o voce catifelată.
-Încerc doar să fiu demnă de atenția pe care mi-o acordați,stăpâne.În prezența dumneavoastră,orice altceva pălește.Gaius se apropie,punând o mână pe umărul ei.
-Știi ce vreau,Valeria? Vreau să aflu dacă această forță a ta este doar o mască sau dacă ascunde ceva mai profund.Valeria simți cum apa caldă și atmosfera intoxicantă din baia termală o învăluie.Era conștientă că fiecare gest al său era urmărit,fiecare cuvânt analizat.Știa că acesta era momentul în care putea câștiga mai mult decât simpatia unui senator,

putea să-și asigure o poziție care să-i schimbe soarta.Fără să opună rezistență,lăsă lucrurile să curgă de la sine,păstrând în minte planul de a-l seduce și de a-l face aliatul său.După momentul intim din baia termală,Valeria și senatorul Gaius Valerius Maximus își continuau ziua în luxul vilei de vară.Timpul părea să curgă diferit în această oază de opulență, unde mirosul florilor din grădini se împletea cu sunetul apei din fântâni.Gaius,fascinat de curajul și forța Valeriei,îi propusese să petreacă restul zilei împreună,dorind să-i descopere atât abilitățile,cât și povestea.În timpul prânzului,servit sub o logie umbrită,cu vedere spre câmpurile întinse, discuția lor a trecut de la amabilități la planuri ambițioase.Mesele erau încărcate cu feluri bogate:carne de miel friptă,pește proaspăt,măsline,brânzeturi și fructe exotice,toate însoțite de vin vechi,turnat cu grijă de sclavi.Valeria,deși obișnuită cu mesele modeste din închisoare,mânca fără ezitare,păstrându-și demnitatea.Gaius se lăsă pe spate în scaunul său,studiind-o cu atenție.

-Valeria,ai demonstrat în arenă o forță care depășește simpla supraviețuire.Ai ceva ce mulți gladiatori nu au,o prezență,un spirit care captivează mulțimea.Acum,când se apropie Ludi Estivales,cele trei luni de vară dedicate jocurilor și luptelor în arenă,am nevoie de cineva care să reprezinte numele familiei mele.Valeria ridică privirea,lăsând cupa cu vin pe masă.Doriți să lupt pentru dumneavoastră? întrebă ea direct,fără urmă de teamă.

-Mai mult decât atât,răspunse Gaius.

-Vreau să devii simbolul meu.Jocurile de vară sunt un prilej pentru senatorii Romei de a paria, de a se întrece în mândrie și reputație.Tu,Valeria,ai putea fi cheia succesului meu.Dacă vei lupta sub patronajul meu,vom câștiga respectul întregului Senat.Valeria reflectă câteva momente,simțind greutatea cuvintelor lui.Oferta era tentantă,dar știa că orice acceptare venită din partea ei trebuia

să fie în avantajul său.Viața în arenă era brutală,iar șansele de supraviețuire scădeau cu fiecare luptă.Totuși, senatorul Gaius îi oferea o cale de ieșire,dacă știa cum să negocieze.
-Sunt de acord,spuse ea în cele din urmă,cu o voce fermă.
-Dar vreau ceva în schimb.Gaius ridică o sprânceană, intrigat.
-Îndrăzneala ta mă încântă,Valeria.
-Spune-mi ce dorești.
-Libertatea mea,spuse ea fără ezitare.
-Dacă voi lupta pentru dumneavoastră și voi câștiga zece lupte,vreau să fiu eliberată.Vreau să am dreptul de a locui în periferiile Romei,unde să trăiesc după propriile mele reguli.
Senatorul zâmbi ușor,înclinându-și capul.
-Ambițioasă,ca întotdeauna.Dar îmi place.Zece lupte câștigate,Valeria,și vei avea libertatea pe care o ceri.Până atunci,vei fi gladiatoarea mea.Dar te avertizez:lupta în numele unui senator nu este doar o provocare fizică.Reprezinți o familie,un nume,și orice eșec se răsfrânge asupra mea.Ai încredere că poți face față presiunii?Valeria îl privi drept în ochi,cu un zâmbet abia perceptibil.

-Am înfruntat moartea de nenumărate ori.Presiunea e doar o altă luptă.Senatorul râse,ridicând cupa de vin într-un toast.
-Foarte bine,Valeria.Începând de mâine,te vei pregăti sub supravegherea celor mai buni antrenori pe care îi pot plăti.Îți voi oferi tot ce ai nevoie pentru a deveni cea mai mare luptătoare a vremii noastre.Astfel,în acea zi, soarta Valeriei se schimbase.Deși încă o prizonieră,acceptase o provocare care putea să o aducă mai aproape de libertate,dar știa că fiecare pas făcut alături de Gaius era o luptă subtilă pentru a-și asigura viitorul.Determinată și curajoasă,Valeria își promisese că va transforma arena într-un câmp al victoriei,nu doar pentru senator,ci pentru ea însăși.Când Valeria se întoarse la închisoare,soarele cobora deja,iar apusul arunca o lumină portocalie pe zidurile austere.Încă mai purta hainele fine oferite de senatorul Gaius Valerius Maximus,iar fața îi trăda un amestec de mândrie și neliniște.La intrare,paznicii o priveau curios,dar Valeria își menținu demnitatea,trecând pe lângă ei fără să le dea importanță.Cele patru prietene ale ei,Nisria, Talia,Cassia și Aemiliana,o așteptau în spațiul

comun al celulelor.Cum ușa grea a închisorii se închise în urma Valeriei,fetele o înconjurară imediat, curiozitatea lor fiind evidentă.

-Valeria! Ce s-a întâmplat? întrebă Nisria,ochii ei scânteind de îngrijorare.

-Ai stat toată ziua cu senatorul? Ce a vrut de la tine? Talia,întotdeauna sceptică,își încrucișă brațele.

-Ceva nu-mi miroase bine.Nimeni nu se uită la noi,gladiatoare,fără să aibă un interes ascuns.Valeria oftă,așezându-se pe o bancă din piatră.Simțea greutatea întrebărilor,dar și presiunea situației în care se afla.Își trecu mâna prin păr,înainte de a începe să le răspundă.

-Gaius Valerius Maximus vrea să lupt pentru el în jocurile de vară,spuse ea,fără să-și ocolească privirile prietenelor.

-Vrea să reprezint casa lui,să-i aduc glorie și respect în fața celorlalți senatori.Cassia ridică o sprânceană,surprinsă.

-Și tu? Ai acceptat? Asta înseamnă să lupți împotriva celor mai buni gladiatori din întregul imperiu!

-Și poate împotriva noastră,adăugă Aemiliana,cu o voce mai joasă,dar pătrunzătoare.

-Dacă soarta ne pune față în față în arenă...ce vom face,Valeria? Ne vei ucide? Talia se ridică brusc.

-Asta nu se va întâmpla! Noi suntem împreună,surori în această mizerie.

-Nimeni nu ne va forța să ne ucidem una pe cealaltă! Valeria ridică mâna,cerând liniște.

-Ascultați-mă! rosti ea ferm.

-Nu e nimic ușor în ce am acceptat,dar am făcut-o cu un scop.Am negociat cu senatorul:dacă câștig zece lupte,îmi va oferi libertatea.Am o șansă,o singură șansă să scap din lanțurile astea.Fetele tăcură pentru un moment,procesând informațiile.

Nisria,care avea întotdeauna o vorbă caldă,o atinse ușor pe braț.
-Înțelegem ce vrei,Valeria.Dar tu înțelegi riscurile? Dacă ajungi să lupți cu una dintre noi,ce vei face? Dacă pierzi,îți vei pierde și viața,nu doar visul de libertate.Valeria oftă adânc, uitându-se în ochii lor.
-Dacă va fi să ne luptăm,voi face ce trebuie.Dar până atunci,vreau să cred că soarta ne va păzi.Și dacă îmi voi câștiga libertatea,promit că nu vă voi uita.Voi face tot ce-mi stă în puteri să vă ajut.Talia se încruntă.
-Libertatea ta nu înseamnă nimic dacă ne vei lăsa aici să murim.Să nu uităm că suntem toate în aceeași barcă.
-Știu,răspunse Valeria,cu o voce tremurată.
-Dar pentru prima oară,văd o luminiță la capătul acestui tunel întunecat.Și dacă va fi nevoie să mă lupt cu una dintre voi…voi încerca să găsesc o cale.Până atunci,să ne concentrăm pe antrenament.Fiecare zi contează.Cassia își mușcă buza,iar Aemiliana aprobă încet,deși pe fața ei era o umbră de tristețe.Nisria o îmbrățișă scurt pe Valeria.
-Ne vei găsi pe toate alături de tine,Valeria.Dar să nu uiți că și noi avem visurile noastre.Libertatea ta e doar o mică victorie.

Să nu ne uiți când vei ieși de aici.Valeria simți un nod în gât,dar își păstră calmul.Nu vă voi uita,promitea ea,dar în sinea ei știa că lupta pentru libertate va veni cu un preț greu.Tensiunea în aer era palpabilă.Prieteniile lor,construite în chin și sânge,erau acum puse la încercare de un viitor incert.Arena era un loc unde loialitatea se ciocnea de instinctul de supraviețuire,iar Valeria știa că testul final abia începea.Colosseumul fremăta de anticipare.Mulțimea uriașă de spectatori,îmbrăcați în togae albe sau în haine colorate,umplea fiecare colț al arenei.Oameni din toate clasele sociale,de la plebei la patricieni,aclamau și strigau numele favoriților lor,iar sunetul uriaș al vocilor părea un tunet continuu.Mirosul de praf,sânge și carne prăjită de la tarabele din exterior se amesteca cu aerul fierbinte al amfiteatrului.În loja imperială,decorată somptuos cu draperii roșii și aurii,senatorul Gaius Valerius Maximus stătea alături de soția sa,Aurelia Claudia, amândoi pregătiți să-și aleagă campionul masculin pentru Jocurile de Vară.În subteranele Colosseumului,cinci gladiatori se pregăteau pentru o luptă epică.

Varus,un dac cu o forță legendară,stătea nemișcat,cu un calm greu de descifrat.Alături de el,Syrus, gladiatorul de origine africană,își lega brățările de protecție,iar mușchii săi masivi păreau sculptați din granit. Leontius,fostul sclav grec,își verifica gladiusul,în timp ce alți doi gladiatori,Cassianus și Darius,discutau în șoaptă strategiile lor.Ei știau că în arenă,fiecare aliat putea deveni un adversar.Sunetul unei trâmbițe răsună,și porțile masive de fier se deschiseră.Gladiatorii pășiră în arena scăldată de soare,unde nisipul strălucea ca aurul.Mulțimea izbucni într-un urlet de bucurie.Strigăte precum „Varus! Syrus!" se amestecau cu ovațiile generale.Spectatorii aruncau monede și flori către favoriții lor,iar un val de energie aproape copleșitor se răspândea în aer.Cei cinci gladiatori formară un semicerc în mijlocul arenei.La comanda unui magistrat,lupta începu.Un grup de adversari înarmați,cu faimoasele lor cască de tip thraex și scuturi masive,se apropie amenințător.Cei cinci gladiatori trebuiau să-și unească forțele împotriva acestora.Varus,cu lovituri precise și rapide,părea un titan pe câmpul de luptă.Gladiusul său străpungea armura inamicilor cu o ușurință uimitoare.

Syrus,cu agilitatea sa extraordinară,își folosea sulița pentru a ținti punctele slabe ale oponenților.Leontius demonstră că inteligența era la fel de importantă ca și forța,coordonând atacurile cu o eficiență surprinzătoare.Cassianus și Darius completau perfect echipa,dar tensiunea era evidentă,fiecare dintre ei știa că,odată ce adversarii erau eliminați,ar putea fi obligați să lupte unul împotriva celuilalt.Arena deveni un haos de praf și sânge.Mulțimea urla frenetic la fiecare lovitură fatală.
-Aveți curaj! striga un spectator.
-Moarte sau glorie! se auzea dintr-un alt colț al arenei.În loja imperială,Gaius Valerius Maximus urmărea lupta cu o privire concentrată.Aurelia Claudia,elegantă și fermecătoare,își aruncă ochii asupra gladiatorului dac.
-Acesta,Varus,spuse ea cu voce joasă.
-Este extraordinar.Forța și stăpânirea lui sunt evidente.Cred că ar putea fi un aliat perfect pentru Valeria.Gaius încuviință,fără să-și ia privirea de la arenă.

-Da,pare să fie exact ce căutăm.Vom negocia să devină gladiatorul nostru.În arenă, Varus încheie lupta cu o victorie strălucită.Ultimul adversar căzu la picioarele lui,iar mulțimea izbucni într-un urlet triumfător.Numele lui era acum pe buzele tuturor.La sfârșitul luptei,magistratul anunță verdictul:toți cinci gladiatorii erau declarați victorioși și meritau să trăiască încă o zi.Varus,însă, știa că viitorul său urma să ia o altă întorsătură.În acea seară,în subteranele Colosseumului,Varus fu chemat de un administrator.
-Senatorul Gaius Valerius Maximus te-a ales și spuse:te vei duce la el mâine dimineață.Vei fi noul său campion.Varus nu spuse nimic.Doar privirea lui de gheață trăda amestecul de satisfacție și îngrijorare.Începuse un nou capitol pentru el,iar Jocurile de Vară promiteau să fie o provocare de proporții epice.La vila somptuoasă a senatorului Gaius Valerius Maximus,situată pe colinele înverzite de la marginea Romei,atmosfera era una de rafinament și opulență.Mesele din marmură albă,decorate cu frunze de viță aurite,erau pline de feluri de mâncare alese:fazani fripți,fructe exotice,brânzeturi fine și vinuri

Torțele de bronz luminau curtea interioară unde Varus,gladiatorul dac,era invitat de onoare.Senatorul îl primise cu ospitalitate.
„Varus,"spuse Gaius Valerius Maximus,ridicând un pocal de vin.
-Victoria ta din arenă a fost o demonstrație a puterii și măiestriei.Încep să cred că am făcut o alegere excelentă.Varus înclină capul,păstrându-și calmul și modestia.Deși era aclamat,el înțelegea că era încă un sclav,iar loialitatea față de senator era vitală pentru supraviețuirea sa.Masa continuă cu muzică liniștitoare cântată de lăutari și conversații cordiale.Aurelia Claudia,soția senatorului,stătea alături,purtând o tunică diafană care îi punea în evidență frumusețea matură.Privirile ei alunecau adesea spre Varus,iar zâmbetele subtile vorbeau despre o admirație tainică.La finalul serii,senatorul îi făcu un semn discret unui servitor.
-Varus, am o surpriză pentru tine.Îți ofer o seară de răgaz,un premiu pentru curajul tău.O sclavă tânără,de o frumusețe izbitoare,fu adusă în cameră.Se numea Lysandra, iar originea ei grecească era evidentă în trăsăturile fine și părul lung,negru ca abanosul.

Purta o tunică subțire,iar ochii săi mari,de un albastru intens,erau plini de resemnare,dar și de o blândă curiozitate.
Lysandra este darul meu pentru această noapte,spuse senatorul,bătându-l prietenește pe umăr.
-Bucură-te de ea.Varus o privi pe Lysandra fără a spune nimic,dar chipul său arăta o ușoară surprindere.După plecarea senatorului,Lysandra se apropie,dar păstră distanța respectuoasă.
-Sunt la dispoziția ta,stăpâne,spuse ea cu voce joasă.Mai târziu,când liniștea nopții cuprinse vila,Aurelia Claudia îl chemă pe un servitor personal și îi dădu instrucțiuni precise.
-Spune-i lui Varus că mâine seară va veni în grădina interioară.Vreau să discutăm în liniște.Servitorul încuviință,fără să-și arate surprinderea.A doua zi dimineață,senatorul plecă la inspecția sa către Legiunea X,lăsând vila în grija Aureliei.Grădina interioară,cu fântâni șoptitoare și flori exotice,deveni locul unei întâlniri secrete.Aurelia era decisă să-și urmeze planul,iar Varus,deși prudensimțea că puterea lui în această situație depindea de abilitatea de a-i câștiga încrederea.Noaptea ce urma promitea să fie una memorabilă,

cu implicații care aveau să schimbe dinamica relațiilor dintre gladiator,senator și soția acestuia.Întors în închisoarea gladiatorilor,Varus pășea cu o siguranță care atrăgea privirile tuturor.În ochii celorlați prizonieri,gladiatorul dac devenise o figură de invidiat,iar poziția sa de reprezentant al senatorului Gaius Valerius Maximus îi oferea un statut aparte.Mulți îl priveau cu respect,alții cu teamă,dar niciunul nu îndrăznea să-l provoace.În colțul unde obișnuiau să se strângă cei mai apropiați prieteni ai săi,Leontius și Arius,Varus se așeză,aruncând o privire complice spre cei doi.Atmosfera din închisoare era sumbră,ca de obicei,dar momentul întâlnirii lor avea să aducă o doză de destindere.
-A fost o seară de poveste,începu Varus,lăsându-se pe spate și zâmbind larg.
-Vila senatorului este ca un palat.Marmură,aur, vinuri alese,iar masa...Ah,de când n-am mai gustat carne atât de fragedă.Leontius,grecul cu inteligență ascuțită,îl privi cu interes.
-Se pare că senatorul știe să-și răsplătească favoriții.

Dar spune-ne,cum a fost să stai la aceeași masă cu un om ca el?
-E un om puternic,răspunse Varus,dar și calculat.Știe ce vrea și cum să obțină.Am avut parte de o primire caldă,dar fiecare gest al lui avea un scop.Îmi este clar că vrea să câștige la jocurile de vară și că noi,gladiatorii lui,suntem armele prin care va reuși.Arius,gladiatorul masiv de origine africană,îl privi cu un zâmbet ironic.
-Și ce altceva? Nu cred că doar vinul și carnea te-au făcut să zâmbești atât de larg.Nu te mai ascunde,dacule,ce altceva ai mai câștigat?Varus râse și se aplecă spre cei doi,scăzând vocea.
-Ce vă spun acum,rămâne între noi.Aurelia Claudia,soția senatorului...m-a invitat într-un colț retras al grădinii după ce Gaius a plecat la inspecție.E o femeie...fascinantă.De o eleganță și o frumusețe pe care nu le vezi nici în cele mai bogate picturi.Ne-am întâlnit noaptea,în grădina cu fântâni...și pot spune că m-a dorit mai mult decât oricare altă femeie pe care am cunoscut-o.Leontius ridică o sprânceană,dar zâmbetul său era plin de înțelesuri.
-Așa deci,senatorul îți încredințează onoarea,iar tu îți faci drum

prin inimile celor din casa lui.Curajos sau nebun,Varus? Arius chicoti și îl bătu prietenește pe umăr.

-Dar ai grijă,prietene.Dacă se află,nu cred că senatorul va fi atât de generos.Soțiile senatorilor nu sunt de neatins,dar prețul este mare.Varus dădu din cap,mai serios.

-Știu.Dar Aurelia a fost clară.Ea a făcut primul pas și știe să-și acopere urmele.Eu sunt doar o unealtă în acest joc.Dacă mă va ajuta să câștig mai multă influență și,poate,libertatea,voi accepta riscurileDiscuția se stinse într-o liniște semnificativă,fiecare gândindu-se la implicațiile a ceea ce tocmai auziseră.Închisoarea gladiatorilor era un loc unde loialitatea și prietenia erau rare,dar între Varus,Leontius și Arius,exista o legătură puternică.Chiar și așa,toți știau că viața de gladiator nu oferea niciodată certitudini,iar pericolele puteau veni din orice direcție.Pe măsură ce noaptea înainta,închisoarea rămânea la fel de apăsătoare.Dar Varus,cu amintirea serii trecute și planurile pe care începea să și le construiască,se simțea mai puternic ca niciodată.Jocurile de vară aveau să fie nu doar o competiție,ci și o luptă pentru viitorul lui.Varus,îmbrăcat simplu,dar curat,a fost trezit devreme și luat de doi centurioni impunători.Fără a-i oferi multe explicații, aceștia i-au ordonat să urce într-o căruță deschisă,pregătită pentru a-l duce la vila senatorului.La început,Varus a fost precaut,dar pe măsură ce vehiculul și-a croit drum prin străzile Romei,suspiciunea s-a transformat în uimire.Era pentru prima dată când vedea orașul Romei în toată splendoarea sa.Pe măsură ce căruța înainta pe drumurile pavate cu piatră,Varus a rămas fascinat de măreția capitalei.Clădirile de marmură albă străluceau sub soarele dimineții,templele uriașe ridicându-se spre cer ca niște monumente dedicate zeilor puternici.Forul Roman,cu coloanele sale impunătoare și statuile eroilor Romei,părea un loc scos dintr-o altă lume.

Grupuri de oameni se mișcau rapid:negustori,sclavi,aristocrați și soldați,fiecare având un scop precis.Agitația orașului era copleșitoare. Trecând pe lângă Colosseum,Varus își lăsă privirea să alunece pe zidurile sale masive,conștient că acolo își câștigase gloria și supraviețuirea.Clădirea părea să domine tot ce o înconjura, ca o mărturie a puterii romane.Mai departe,băile termale publice și piețele forfoteau de activitate,iar aerul era îmbibat cu mirosuri de ierburi aromatice,pâine proaspăt coaptă și parfumuri exotice.Pentru un gladiator ca Varus,crescut în mizeria minelor din Dacia,această lume părea aproape ireală.Privirea lui se opri și asupra apeductelor gigantice care aduceau apă în oraș,un alt simbol al geniului roman.
-Cum poate un popor să creeze ceva atât de perfect?,se întrebă el.Drumul de douăzeci de minute a fost suficient pentru a-l face pe Varus să înțeleagă de ce Roma era considerată centrul lumii.Ajuns la vila lui Gaius Valerius Maximus,Varus a fost condus înăuntru.Aurelia Claudia îl aștepta în sala mare,îmbrăcată într-o tunică vaporoasă,de mătase albă,care îi evidenția eleganța și frumusețea.

Părul ei,prins într-un coc elaborat,strălucea sub lumina filtrată de perdelele din lână fină,iar ochii ei verzi păreau să pătrundă în sufletul lui Varus. Zâmbetul pe care i-l oferi era cald,dar plin de subînțelesuri.
-Varus,spuse ea cu o voce melancolică și mângâietoare,mă bucur că ai venit.Astăzi ești musafirul meu,iar eu am grijă ca musafirii mei să se simtă răsfățați.Fără a-i da ocazia să răspundă,Aurelia îi făcu semn să o urmeze.Îl conduse prin grădinile vilei,unde fântâni arteziene se revărsau cu apă limpede,iar mirosul florilor exotice umplea aerul.Într-un foișor ascuns de ochii servitorilor,Aurelia îl invită să se așeze.Era evident că această întâlnire era mai mult decât o simplă conversație.Apropierea dintre cei doi era inevitabilă.Aurelia,cu grația ei naturală,își lăsă mâna să-i atingă brațul lui Varus,iar acesta simți o căldură familiară.Fără să opună rezistență,gladiatorul o lăsă să-l apropie.Atingerea ei era blândă,dar determinată,iar privirea îi era plină de pasiune.Aurelia Claudia era o femeie a contrastelor.Sub fațada de soție nobilă se ascundea o dorință intensă de a trăi momente de libertate și plăcere,iar trupul lui Varus,

perfect sculptat de anii de antrenament și muncă,era o tentație pe care nu o putea refuza.Mușchii lui lucrau armonios la fiecare mișcare,pielea îi era bronzată și întinsă,iar chipul său exprima atât forță,cât și o sensibilitate aparte.Momentul lor împreună a fost unul de descătușare reciprocă.Aurelia și-a permis să fie vulnerabilă,iar Varus,conștient de situația lui,a jucat rolul perfect,lăsându-se ghidat de dorințele ei,dar păstrându-și controlul.Gladiatorul știa că această relație putea să-i aducă beneficii,dar și pericole,însă pentru moment,a ales să se bucure de clipele de intimitate.După ce momentul lor s-a consumat,cei doi au rămas în foișor,discutând.Aurelia părea mai relaxată,iar Varus deși precaut,simțea o oarecare încredere în această conexiune.În acea zi,Roma nu mai părea o cetate de cucerit,ci un loc unde chiar și un gladiator ar putea visa la o soartă mai bună.Varus și Aurelia s-au așezat confortabil pe pernele moi ale foișorului,înconjurați de mirosurile florilor exotice și sunetul liniștitor al apei din fântână.Aurelia,sprijinindu-și bărbia în palmă,îl privi cu un zâmbet enigmatic.După momente de tăcere,ea vorbi:

-Varus, trebuie să-ți spun ceva ce poate te va interesa. Soțul meu, Gaius, nu este doar un admirator al talentului tău ca gladiator. El are o înțelegere cu o gladiatoare din închisoarea femeilor. Varus ridică sprâncenele intrigat.
-Ce fel de înțelegere? întrebă el, sprijinindu-se de cot pentru a o privi mai bine.
-Valeria. Este o femeie puternică, o războinică. Soțul meu i-a promis libertatea dacă câștigă zece lupte consecutive în arenă. Până acum, am înțeles că a reușit să câștige câteva, dar mai are mult de luptat. Ochii lui Varus se îngustară ușor, iar un zâmbet abia vizibil îi apăru pe față.
-Valeria, spui? Am auzit de ea. Este faimoasă în rândul gladiatoarelor. Dar ce părere ai tu despre acest târg? Aurelia zâmbi și își trecu degetele delicate peste brațul lui.
-Târgul e treaba lui Gaius. Eu...sunt mai interesată de tine, Varus. Dar m-a surprins cât de mult vorbește despre ea. Poate chiar și senatorii cei mai puternici au slăbiciunile lor.
Varus râse ușor, dar în mintea lui deja începuse să analizeze situația.
-Zece lupte câștigate...Și atunci va fi liberă. Crezi că va reuși?

-Este curajoasă,dar și arena are regulile ei nemiloase,răspunse Aurelia cu un ton plictisit.Dar să lăsăm politica soțului meu.Această noapte e despre noi,nu-i așa?

În acea noapte,Aurelia și Varus s-au împreunat din nou,pasiunea dintre ei crescând parcă cu fiecare atingere.După ce Aurelia a adormit,obosită dar fericită,sclavul ei de încredere,Cassius,a venit discret să-l anunțe pe Varus că era timpul să plece.Cassius,un bărbat matur,cu o figură sobră și haine simple dar curate,îi făcu semn lui Varus să-l urmeze.Pe drum spre căruță,cei doi au schimbat câteva cuvinte:

-Ești norocos,Varus,că stăpâna mea are o asemenea încredere în tine,spuse Cassius cu o voce calmă,dar fermă.

-Încredere sau dorință? întrebă Varus,aruncându-i o privire cu subînțeles.Cassius ridică o sprânceană,dar nu zâmbi.

-Dorințele stăpânilor nu sunt treaba mea.Ce știu însă este că ea își păstrează întotdeauna cuvântul.Data viitoare când vei fi chemat,voi veni doar eu să te iau.Să nu accepți pe nimeni altcineva.

-Asta sună ca un avertisment,Cassius.Trebuie să mă tem de ceva?

Sclavul își ținu privirea dreaptă înainte,fără să dea vreun semn de emoție.

-Nu.Dar trebuie să fii vigilent.Nu toată lumea te va privi cu ochi buni în această poziție.Dacă faci tot ce-ți cere stăpâna mea,vei fi în siguranță.Dacă nu,lucrurile se pot complica.

Varus își încrucișă brațele,studiind bărbatul din fața lui.

-Și care este rolul tău în toată această poveste? Ești doar un mesager sau mai mult? Cassius se opri și îl privi direct în ochi.

-Sunt loial Aureliei.Este tot ce trebuie să știi.Fii pregătit când voi veni după tine data viitoare.Ajunși la căruță,Cassius îl ajută să urce și îi oferise o pătură groasă pentru drum.

-Drum bun,gladiatorule.Și amintește-ți:Aurelia nu uită niciodată pe cine ajută sau pe cine pedepseşte.Căruţa pornise pe străzile pustii ale nopţii,iar Varus,odihnindu-se pe spate,privea cerul înstelat,gândindu-se atât la Valeria,cât şi la propria sa poziţie în acest joc periculos al puterii.

Capitolul 9.Întoarcerea Legiuni a-X-aGemina la Roma

Intrarea triumfală a Legiunii a X-a Gemina în Roma a fost un spectacol grandios,menit să glorifice atât armata,cât și puterea Imperiului Roman.Oraşul fusese pregătit cu mult înainte pentru sosirea lor,străzile fiind împodobite cu ghirlande de flori,steaguri şi bannere cu inscripţii latine care lăudau victoriile legiunii.Cetăţenii romani,adunaţi în număr impresionant,ocupau fiecare colţ al drumurilor care duceau spre Forumul Roman,aclamându-i pe soldaţi şi aruncând petale de flori pe calea lor.În dimineaţa însorită a zilei de sărbătoare,sunetele fanfarelor răsunau puternic,anunţând sosirea coloanei militare.În fruntea procesiunii mergea legatul Marcus Fabius Valens,călare pe un cal alb impunător,purtând o togă ornamentată cu aur şi o coroană de lauri,simbol al victoriei.Chipul său,serios şi demn,inspira respect şi admiraţie,reflectând responsabilitatea enormă pe care o purtase în timpul campaniei.În spatele său,tribunii militari şi centurionii de rang înalt,îmbrăcaţi în armuri strălucitoare şi mantii de un roşu aprins,îi însoţeau.Apoi urma restul legiunii,mii de soldaţi bine antrenaţi,aliniaţi perfect,cu scuturile şi săbiile lor lustruite,strălucind în lumina soarelui.Steagurile şi stindardele purtate de port-drapelii fluturau în vânt,fiecare simbolizând victoriile și gloria trecută a Legiunii a X-a Gemina.Drumul triumfal al legiunii trecea prin principalele artere ale Romei,culminând cu traversarea Forumului Roman.Pe margini,mii de oameni scandau numele legiunii şi al legatului Marcus Fabius Valens.

Copiii aruncau petale de flori,iar negustorii ofereau gratuit pâine și vin,marcând această zi ca una de sărbătoare.Femeile din mulțime, îmbrăcate în cele mai bune toge,aclamau soldații cu entuziasm,iar unii bărbați le aruncau cuvinte de laudă și invitații la sărbători ce urmau să aibă loc în onoarea lor.În mijlocul acestei mulțimi gălăgioase,soldații pășeau mândri,dar disciplinați,păstrând ritmul și formația cu o precizie care reflecta anii de antrenament și devotamentul față de Roma.Momentul culminant al ceremoniei a fost trecerea legiunii prin fața Palatului Imperial,unde Împăratul însuși,așezat pe o platformă aurită alături de senatori și alte personalități de rang înalt,îi privea.Împăratul purta o togă imperială decorată cu fire de aur,iar coroana sa de lauri strălucea în soare.Alături de el,gardienii pretorieni stăteau nemișcați,adăugând solemnitate momentului.Când legatul Marcus Fabius Valens ajunse în fața platformei imperiale,își trase calul într-o oprire elegantă și își înclină capul în semn de respect,ridicând spada către cer.Împăratul, impresionat de disciplina și măreția soldaților,ridică mâna într-un gest de aprobare,iar mulțimea explodă într-o aclamație entuziastă.Trompetele răsunau din nou,marcând aprobarea supremă a conducătorului.După ce întreaga legiune trecuse prin fața Împăratului,soldații se îndreptară spre tabăra pregătită pentru ei în afara zidurilor orașului.Acolo,o sărbătoare mare îi aștepta,cu mese pline de mâncare și vin oferite în onoarea lor.Fiecare Legat,inclusiv Marcus Fabius Valens,avea permisiunea de a-și petrece timpul alături de familia sa,iar soldații primeau câteva săptămâni de odihnă bine-meritată.Pentru cetățenii Romei,intrarea triumfală a Legiunii a X-a Gemina nu era doar o celebrare a victoriei,ci și o reafirmare a puterii și măreției Romei.Pentru soldați,era o recunoaștere a sacrificiilor și a devotamentului lor.Iar pentru legatul Marcus Fabius Valens,era încă o filă de glorie adăugată în povestea măreață a Legiunii a X-a Gemina.După intrarea triumfală în Roma,soldații Legiunii a X-a Gemina s-au retras în tabăra lor temporară,situată la marginea orașului.Aici,li s-a permis să se odihnească și să se bucure de recompensele promise pentru serviciul lor exemplar.Fiecare legionar era conștient de importanța momentului,

nu doar pentru ei,ci și pentru gloria Romei.Marcus Fabius Valens,după ce s-a asigurat că soldații săi sunt bine instalați,a fost condus de un mic convoi de gardieni până la vila sa de pe colina Aventin.Aceasta era o proprietate impunătoare,cu grădini bine îngrijite și o vedere panoramică asupra orașului.La poarta principală,familia sa îl aștepta cu nerăbdare.Soția lui,Claudia Marcella,îmbrăcată în mătăsuri fine, și cei doi fii ai lor,Publius și Lucius,au alergat să-l îmbrățișeze.
-Bine ai venit acasă,Marcus! a spus Claudia,cu ochii umezi de emoție.
-Este bine să fiu din nou alături de voi,a răspuns Marcus,cu o căldură rară în glas.După luni întregi pe câmpul de luptă,îmbrățișarea familiei sale a fost o alinare deosebită pentru legatul care,în spatele armurii și al disciplinei,era și un om devotat celor dragi.În acea seară,în onoarea victoriei Legiunii a X-a Gemina,senatorii și liderii orașului au organizat o mare sărbătoare în Forumul Roman.Templul lui Jupiter Capitolium era luminat de torțe,iar piețele erau pline de mese încărcate cu mâncare și vin.Cetățenii Romei sărbătoreau alături de soldați,dansând și cântând pe străzi.Marcus Fabius Valens a fost invitat de Împărat să participe la un banchet select,organizat în Palatul Imperial.Acolo,alături de alți comandanți și de înalți oficiali,a fost onorat cu un discurs din partea conducătorului Romei.
-Marcus,tu și legiunea ta ați demonstrat încă o dată de ce Roma este invincibilă,a declarat Împăratul,ridicând o cupă de vin.Gloria voastră este gloria Romei! Aplauzele răsunătoare din sală au confirmat cât de mare era respectul pentru acest legat și pentru oamenii săi.În zilele ce au urmat,fiecare legionar și-a găsit timp să-și viziteze familia sau să se bucure de timpul liber în oraș.Mulți dintre ei nu mai fuseseră în Roma de ani de zile și acum se pierdeau printre străzile pline de viață,admirând marile edificii precum Panteonul

sau Teatrul lui Marcellus.

Marcus Fabius Valens a primit însă o veste importantă de la Împărat.După două luni de odihnă,Legiunea a X-a Gemina urma să fie desfășurată în nordul Italiei pentru a menține pacea într-o regiune recent anexată.Era o sarcină mai puțin solicitantă decât luptele pe front,dar responsabilitatea era la fel de mare.Valens știa că,până atunci,trebuia să-și motiveze oamenii să rămână disciplinați și vigilenți.În timpul șederii sale la Roma,Valens a fost contactat de Senatorul Gaius Valerius Maximus,care dorea să discute despre planurile pentru Jocurile de Vară.Senatorul i-a prezentat pe cei doi gladiatori care urmau să-l reprezinte:Valeria,războinica gală,și Varus,dac cu o forță impresionantă.Valens a fost intrigat de cei doi.Era evident că aveau o poveste interesantă,iar determinarea din privirile lor îl impresionase.

-Dacă acești gladiatori sunt la fel de buni cum par,vei avea parte de un spectacol memorabil,Gaius,a spus Marcus,în timp ce privea evaluativ către Valeria și Varus.Senatorul a zâmbit larg.Știa că avea în fața lui două dintre cele mai puternice arme pentru a câștiga gloria în Arenă.Pe măsură ce zilele treceau,orașul Roma începea să vibreze de anticiparea Jocurilor de Vară.Antrenamentele gladiatorilor deveniseră mai intense,iar Valeria și Varus erau conștienți că toată Roma îi va privi.Pentru Valeria,fiecare zi de antrenament era un pas mai aproape de libertatea pe care o visa.Pentru Varus,era o șansă de a-și întări poziția și de a-și asigura un viitor mai bun.Pe măsură ce ziua Jocurilor se apropia,atât soldații,cât și gladiatorii simțeau tensiunea din aer.Roma,cu toată măreția și puterea ei,urma să fie martora unui spectacol pe care nimeni nu-l va uita prea curând.Ziua Jocurilor de Vară se apropia,iar agitația din Roma atinsese un punct culminant.Pe străzi,negustorii își strigau ofertele,vânzând suveniruri și delicatese,iar mulțimea de cetățeni, sclavi și nobili umplea piețele.

În colțurile mai retrase,gladiatorii se pregăteau intens pentru a face față celei mai mari provocări.În arena de antrenament a gladiatorilor,Valeria și Varus se antrenau sub privirile atente ale instructorului lor.Cei doi erau acum parteneri într-un scop comun:să aducă gloria Senatorului Gaius Valerius Maximus.Împreună,formau un duo formidabil,iar antrenamentele intense îi ajutaseră să se sincronizeze perfect.
-Trebuie să fii mai rapidă în mișcări,Valeria! strigă instructorul.Ești puternică,dar viteza îți va salva viața.
-Iar tu,Varus,nu uita că lupta în arenă nu înseamnă doar forță.Este un spectacol.Publicul trebuie să te adore.Valeria își strânse gladiusul cu o hotărâre de nezdruncinat.Gândul libertății era mereu în mintea ei.Pentru ea,fiecare luptă era un pas mai aproape de visul ei de a trăi ca o femeie liberă.Pe de altă parte,Varus vedea în aceste lupte o oportunitate de a-și consolida poziția și de a atrage mai multă influență.În dimineața Jocurilor,cerul Romei era de un albastru perfect,iar soarele strălucea peste oraș.Coloane de spectatori se îndreptau către Colosseum,nerăbdători să ocupe locurile din imensa

arenă.În centrul Romei,Colosseum-ul domina peisajul,cu zidurile sale masive și arcadele care răsunau de voci entuziaste.În culise,Valeria și Varus își verificau armele,în timp ce alți gladiatori se pregăteau alături de ei.Fiecare moment era tensionat.Un servitor al senatorului le-a adus mesaje de încurajare:

-Senatorul Gaius Valerius Maximus și doamna Aurelia Claudia sunt în loja imperială.Așteaptă să vadă cum îi reprezentați.Valeria zâmbi subtil.Știa cât de important era acest moment, dar își ascunse emoțiile.Varus,pe de altă parte,privea concentrat,conștient de privirile mulțimii care îl așteptau.Colosseum-ul era plin.Mii de oameni își strigau entuziasmul,iar Împăratul însuși stătea în loja imperială,flancat de senatorii Romei.Aurelia Claudia își păstrase o aparență calmă,dar ochii ei urmau fiecare mișcare a gladiatorilor.Când Valeria și Varus au intrat în arenă,mulțimea a izbucnit în aplauze.Valeria era impunătoare,cu armura ei strălucitoare și scutul decorat cu simboluri galice.Varus,înalt și puternic,cu pielea sa arsă de soare și privirea dură,părea un adevărat erou sculptat în piatră.Primul duel a fost împotriva unei echipe de patru gladiatori experimentați.Luptele erau gândite să fie dramatice și periculoase,dar Valeria și Varus au luptat cu o sincronizare perfectă.În timp ce Varus își folosea forța brută pentru a deschide breșe în apărarea adversarilor,Valeria a atacat cu mișcări rapide și precise.

-Sunt incredibili! șopti Aurelia Claudia senatorului.Gaius zâmbi mulțumit.Gladiatorii lui își făceau datoria,iar aplauzele mulțimii confirmau că pariul său pe aceștia era unul câștigător.La sfârșitul duelului,Valeria și Varus au fost aclamați de spectatori.Împăratul însuși s-a ridicat pentru a le recunoaște victoria.În timp ce părăseau arena,șoaptele despre cei doi gladiatori se răspândeau rapid printre spectatori.În culise,Valeria îl privi pe Varus cu o expresie gravă:

- Aceasta este doar prima dintre lupte.

Dacă vrem să supraviețuim și să ne atingem scopurile,trebuie să rămânem uniți.Varus aprobă din cap,obosit dar mulțumit de rezultat:
-Am câștigat azi.Și vom câștiga din nou.Pentru noi.Pe măsură ce ziua se apropia de sfârșit,Valeria și Varus știau că drumul era încă lung,dar alianța lor se dovedea a fi o forță de neoprit.După spectacolul grandios din arenă,Valeria și Varus au fost escortați înapoi în culise,unde o mulțime de servitori și sclavi așteptau să le ofere îngrijiri și hrană.Cei doi erau extenuați, dar euforia victoriei încă le pulsa în vene.În timp ce bandajele le erau strânse peste răni superficiale și li se oferea vin pentru a-și calma tensiunea,un mesager al senatorului Gaius Valerius Maximus intră grăbit în încăpere.
-Senatorul dorește să vă vadă imediat la vila sa.Aveți o zi de odihnă,dar trebuie să discutați despre planurile viitoare.Valeria și Varus schimbaseră o privire scurtă,dar plină de înțeles. Știau că senatorul era mulțumit de performanța lor,dar erau conștienți că așteptările pentru viitoarele lupte aveau să fie și mai mari.Într-o căruță acoperită,Valeria și Varus au fost duși la vila de vară a senatorului,situată la marginea orașului,departe de zgomotul Romei.Pe drum,Varus,mai relaxat decât

Valeria,încerca să deschidă o conversație:
-Ai văzut cum ne-a privit mulțimea? În momentul acela,eram mai mult decât gladiatori.Eram eroi.
-Eroi pentru cine? replică Valeria cu o voce gravă.Pentru noi,fiecare luptă este doar un pas către libertate.Pentru ei,suntem doar spectacolul zilei.Varus zâmbi,recunoscând adevărul în cuvintele ei.
-Poate ai dreptate.Dar prefer să fiu un erou de moment decât un nume uitat în istorie.Valeria nu răspunse.Privirea ei se pierdu în peisajul frumos care se desfășura în fața lor:câmpuri fertile,vile elegante și drumuri pavate care străluceau în lumina apusului.Era o imagine a Romei care părea aproape ireală pentru cineva care își petrecuse mare parte din viață în captivitate.Ajunși la vilă,senatorul îi întâmpină într-un salon luxos,unde masa era deja pregătită.Alături de el era și Aurelia Claudia,care îi întâmpină cu un zâmbet cald,dar cu ochii fixându-l mai ales pe Varus.
-Ați fost extraordinari astăzi,începu senatorul.Împăratul însuși mi-a lăudat alegerile.Dar nu este timp de odihnă.Jocurile de Vară sunt o competiție intensă.În fiecare săptămână vor fi lupte mai dificile,iar voi trebuie să rămâneți la cel mai înalt nivel.Varus ridică cupa de vin într-un gest de mulțumire.
-Vom continua să luptăm pentru gloria Romei și pentru gloria ta,senatorule.Valeria însă rămase tăcută.Știa că fiecare cuvânt era o promisiune care le lega și mai strâns de această competiție.Senatorul,observând tăcerea ei,se întoarse către ea.
-Știu ce gândești,Valeria.Dar nu uita,înțelegerea noastră rămâne valabilă.Zece lupte câștigate și ești liberă.Valeria înclină capul ușor,dar privirea ei trăda o determinare de fier.
După cină,Aurelia găsi un moment să vorbească în privat cu Varus.În grădina luminată de torțe,ea îi spuse:

-Ai câștigat inimile publicului astăzi.Dar,mai mult decât atât,ai câștigat inima mea.Varus zâmbi,dar era precaut.Știa că orice pas greșit ar putea avea consecințe fatale.Aurelia însă părea sinceră,iar farmecul ei îl ținea captiv.
-Aurelia,știi că sunt doar un gladiator.În această lume,totul este temporar.
-Nu pentru mine.Tu ești mai mult decât un gladiator.Ești dovada că nu toate sufletele pot fi îngenuncheate.În timp ce Aurelia vorbea,Valeria,care trecuse întâmplător prin apropiere, surprinse o parte din conversație.Nu era geloasă,dar nu putea să nu se întrebe dacă relația lui Varus cu soția senatorului avea să le complice planurile.În cele din urmă,cei doi gladiatori s-au întors în închisoare.Oboseala zilei și presiunea viitorului îi apăsau.Valeria îl privi pe Varus în timp ce se pregăteau să intre în celulele lor.
-Sper că știi ce faci,Varus.Senatorul te respectă,dar lumea lui este periculoasă.Nu te lăsa prins în jocurile lor.Varus o privi cu un zâmbet calm.
-Și tu,Valeria.Nu uita de scopul tău.Libertatea ta e aproape.Fiecare luptă ne apropie de ceea ce vrem.Noaptea trecu lent,iar Roma adormise,dar pentru Valeria și Varus,Jocurile de Vară erau abia la început.Furtuna din arenă avea să-i pună din nou la încercare.Dimineața următoare,în închisoarea gladiatorilor,aerul era încărcat cu așteptare și tensiune.Antrenorii intrau deja printre celule,strigând ordine și chemându-i pe gladiatori la antrenamentele zilnice.Valeria și Varus,obișnuiți cu rutina dură,își făceau loc printre ceilalți,însă tăcerea dintre ei trăda faptul că gândurile lor erau departe.În timp ce își legau armurile pentru antrenament,Valeria îi spuse lui Varus într-un ton scăzut:
-Am văzut-o pe Aurelia aseară,în grădină.Aveai dreptate,lumea lor e periculoasă.Dacă joci greșit,senatorul ar putea deveni dușmanul tău.

-Nu mă joc,Valeria.Știu ce fac.Aurelia...e o unealtă,la fel cum noi suntem pentru ei.Fiecare pas e calculat.Nu-ți face griji.Valeria clătină din cap,vizibil frustrată.
-Sper doar să nu-ți subestimezi șansele.Un pas greșit,și suntem amândoi terminați.
-Nu-mi fac griji pentru mine.Știu că tu vei reuși să-ți câștigi libertatea.Ești mai puternică decât orice adversar din arenă.Cuvintele lui Varus au părut să o calmeze puțin,iar cei doi și-au continuat drumul spre terenul de antrenament.Antrenamentele erau mai intense decât de obicei,iar instructorii îi împingeau pe gladiatori la limite.Arena principală era acum transformată într-un câmp de luptă simulată,cu obstacole și ținte care le testau agilitatea,forța și strategia.Fiecare mișcare era urmărită cu atenție de supraveghetori,iar orice greșeală era pedepsită cu duritate.Valeria își ajustă gladiusul,iar instructorul strigă către ea:
-Valeria! Vreau să văd acea determinare care te-a adus până aici! Dacă te pierzi în gânduri,vei pieri în arenă.Privirea ei deveni rece,concentrată.Lupta împotriva unui adversar experimentat începu,iar sunetul metalului care se ciocnea umplu aerul.Mișcările ei erau precise,iar fiecare lovitură părea să aibă un scop clar.Instructorul aprobă cu un gest scurt.Varus,pe de altă parte,era pus să antreneze cu o armă grea,specifică duelurilor de forță brută.Mușchii lui tensionați atrăgeau atenția nu doar a supraveghetorilor,ci și a celorlalți gladiatori,care priveau cu admirație și teamă.Într-un moment de pauză,Valeria îi zise cu un zâmbet ușor:
-Poate că nu ai nevoie de tactici,Varus.Doar să-ți lași forța să vorbească.
El râse.
-Iar tu să-ți lași mintea ascuțită să-ți fie aliatul.Împreună,suntem o combinație imbatabilă.

Pe măsură ce se apropiau primele lupte din cadrul Jocurilor de Vară,tensiunile în închisoare creșteau.Ceilalți gladiatori priveau cu invidie și suspiciune spre Valeria și Varus.Statutul lor special,faptul că erau favoriți ai senatorului,îi făcuse ținta unor șoapte și planuri tăinuite.Într-o seară,în timp ce Varus se odihnea în colțul său,Leontius și Arius se apropiară.Leontius,cu o privire serioasă,îi șopti:
-Trebuie să fii atent.Unii dintre ceilalți gladiatori vorbesc despre cum să-ți ia locul în ochii senatorului.Jocurile de Vară nu sunt doar o competiție oficială;sunt și un teren pentru reglări de conturi.Varus își încrucișă brațele,gânditor.
-Știam că se va ajunge aici.Dar dacă vor să-mi ia locul,trebuie să treacă peste mine.Arius râse ușor,dar privirea lui trăda îngrijorare.
-Doar ai grijă,frate.Oamenii invidioși sunt cei mai periculoși.La vila sa,senatorul Gaius Valerius Maximus își aranja strategiile pentru Jocuri.Știa că Valeria și Varus erau cei mai buni gladiatori pe care îi avea și că împreună ar putea câștiga averi pentru el.Dar planul său era mai ambițios.Își propusese să le folosească pentru a atrage atenția împăratului și a câștiga un loc mai înalt în ierarhia politică.Întorcându-se către soția sa,îi spuse:
-Aurelia,dacă Valeria și Varus reușesc să câștige Jocurile de Vară,vom fi pe buzele tuturor.Nu doar banii contează,dar și influența.Aurelia,cu un zâmbet tainic, gândindu-se la relația ei cu Varus,îi răspunse:
-Fii sigur,dragul meu,că vei avea tot ce-ți dorești.Jocurile de Vară promiteau să fie mai mult decât o simplă competiție,erau o luptă pentru putere,libertate și supraviețuire.Iar Valeria și Varus erau în centrul acestui spectacol.

Capitolul 10.Gladiatorul Leontinus și Cornelia Octavia

Într-o după-amiază caldă și însorită,vila senatorului Tiberius Claudius Nero era animată de pregătiri intense.Grădina luxuriantă a casei sale din suburbia Romei strălucea sub soarele de vară,iar sclavii se grăbeau să termine ultimele detalii pentru întâlnirea planificată.Într-un salon decorat cu mozaicuri complicate și statui elenistice,senatorul și soția sa,Cornelia Octavia,își așteptau oaspeții:doi gladiatori de renume,Leontius,cunoscut pentru inteligența și forța sa fizică,și Claudia,o gladiatoare curajoasă și abilă,provenită din Hispania.Leontius și Claudia,însoțiți de doi centurioni,au fost aduși la vilă cu un car acoperit,pentru a atrage cât mai puțină atenție.Îmbrăcați modest,dar impunători prin statură și atitudine,au intrat în sala senatorului,unde Tiberius îi aștepta împreună cu Octavia.
-Bine ați venit la vila mea,a spus Tiberius,ridicându-se și gesticulând spre mese încărcate cu vinuri și fructe.Voi,cei mai curajoși dintre gladiatori,veți reprezenta familia mea la Jocurile de Vară.Este o onoare pentru noi și o șansă pentru voi să vă dovediți din nou în arenă.Claudia înclină capul respectuos,iar Leontius răspunse calm:
-Este o onoare să luptăm în numele unei familii atât de ilustre,senatorule.Octavia,care privea intens spre Leontius, interveni:
-Știm că lupta din arenă este dificilă,dar sunt convinsă că voi doi veți aduce victoria.Aveți tot sprijinul nostru.Familia Claudius Nero are o reputație de apărat.Leontius observă atenția specială cu care Octavia îl studia.Ochii ei,de un verde strălucitor,îl fixau cu un interes aparte,iar zâmbetul ușor de pe buzele sale trăda ceva mai mult decât admirație.Senatorul continuă să discute despre logistica evenimentului,despre posibilele dueluri și despre strategiile necesare pentru a ieși învingători,dar Leontius simțea că altceva plutea în aer.

După întâlnire, când Leontius și Claudia se pregăteau să plece,o sclavă tânără și elegantă,îmbrăcată în tunică albă simplă,dar bine întreținută,se apropie de Leontius.Avea ochi căprui expresivi și o voce blândă, care ascundea o ușoară teamă.Numele ei era Julia,iar Leontius o mai văzuse înainte la vila senatorului.
Leontius,spuse Julia.Stăpâna mea Cornelia Octavia mi-a cerut să vă transmit un mesaj.Leontius se încruntă ușor,dar ascultă atent.
-Stăpâna mea dorește să vă întâlniți mâine noapte la vilă,pe ascuns.Este un lucru de mare importanță pe care dorește să-l discute cu dumneavoastră.Vă rog,aveți încredere,totul va fi aranjat cu discreție.Voi veni să vă iau din închisoare și vă voi aduce în siguranță aici.Leontius se uită scurt spre sclavă,analizând cuvintele.Era conștient că astfel de invitații puteau fi periculoase,dar și intrigante.Știa prea bine că femeile senatorilor aveau deseori intenții ascunse,iar o astfel de întâlnire putea avea consecințe neprevăzute.
-Foarte bine,Julia, răspunse el într-un ton neutru.Spune-i stăpânei tale că voi fi pregătit.Dar am o întrebare:de ce o astfel de discreție?

Nu sunt doar un gladiator? Ce intenții ascunde stăpâna ta? Julia zâmbi vag,dar nu răspunse direct.
-Nu sunt decât o mesageră,Leontius.Mâine noapte veți afla toate răspunsurile.Aveți încredere,stăpâna mea dorește doar binele tău.Leontius îi mulțumi,iar sclava plecă grăbită,lăsându-l pe gladiator în fața unei nopți pline de întrebări.Claudia îl privi cu o sprânceană ridicată,dar nu spuse nimic.Știa că fiecare gladiator avea propriile lupte în afara arenei.După plecarea de la vila senatorului Tiberius Claudius Nero,Leontius și Claudia s-au întors la celula lor din arenă.
Tăcerea dintre cei doi gladiatori era tensionată,dar încărcată de înțelegeri tacite.Claudia,observând schimbul dintre Leontius și sclava Julia,bănuia că lucrurile nu erau atât de simple pe cât păreau.
-Ceva nu e în regulă,Leontius,spuse ea,întrerupând liniștea.Invitația asta...e mai mult decât pare.Ai grijă ce faci.În lumea lor,suntem doar pioni.Leontius își îndreptă privirea către ea,calm,dar hotărât.
-Știu.Dar fiecare pion poate deveni o armă,dacă e jucat cum trebuie.Orice avantaj,orice oportunitate trebuie folosită.

Dacă doamna Octavia are un plan,voi afla ce este.Claudia dădu din cap,dar nu părea convinsă.În mintea ei,planurile aristocraților aduceau rareori ceva bun gladiatorilor.Totuși,respecta hotărârea lui Leontius.Era un bărbat inteligent,iar mintea lui ageră îi adusese de multe ori victoria.Noaptea trecu cu greu.Leontius se întinse pe platforma sa din lemn,reflectând la mesajul primit.Se întreba ce putea dori o femeie ca Octavia de la el. Puterea? Plăcerea? Sau poate era ceva mai mult? Gândurile îi erau o combinație de suspiciune și curiozitate.A doua seară,la ora promisă, sclava Julia sosi cu o trăsură mică și bine ascunsă,condusă de un alt sclav de încredere.Leontius,îmbrăcat modest,urcă fără ezitare.Căruța ieși din zona închisorilor gladiatorilor și pătrunse pe străzile Romei.Pe drum,Julia îi vorbi rar,dar cu respect:
-Stăpâna mea are multă încredere în tine Leontius.Ea vede în tine mai mult decât un gladiator.Ești puternic,dar și inteligent.De aceea v-a ales pentru această întâlnire.Leontius zâmbi ușor,dar nu răspunse.Era concentrat pe ceea ce urma.După un drum scurt,trăsura ajunse la vila luminată subtil de torțe,într-un colț liniștit al orașului.Julia îl conduse pe gladiator printr-o intrare laterală,departe de ochii curioși.În curtea interioară,Octavia îl aștepta,îmbrăcată într-o tunică albă,elegantă,dar simplă,care îi accentua frumusețea naturală.Octavia zâmbi larg când îl văzu pe Leontius apropiindu-se.
-Mă bucur că ai venit.Știam că nu mă vei dezamăgi.Leontius își înclină capul respectuos.
-Ce ar putea dori o femeie de rangul tău de la un gladiator? Sunt doar un luptător,legat de arenă și de ordinele stăpânilor mei.Octavia îl privi intens,cu ochii ei verzi scânteind de intrigă.
- Ești mai mult decât atât,Leontius.Ești un om care poate înțelege puterea,care știe să lupte nu doar cu sabia,ci și cu mintea.De aceea te-am chemat.Dar despre asta vom vorbi în curând.Pentru acum,vreau doar să ne cunoaștem...mai bine.

Leontius știa că noaptea abia începea.Iar intențiile Octaviei rămâneau un mister pe care era gata să-l descopere,cu toate riscurile implicate.Octavia îl conduse pe Leontius pe o potecă de piatră care șerpuia prin grădina vilei.Luminată discret de torțe,grădina părea desprinsă dintr-un vis,o oază de liniște în mijlocul tumultului roman.Fântâni arteziene sculptate elegant curgeau încet,iar parfumul iasomiei și al trandafirilor se răspândea în aer.Liane delicate se încolăceau pe coloanele de marmură,iar statui alese cu gust se ridicau ici-colo,veghând tăcute asupra grădinii.Leontius,impresionat de frumusețea locului,simți pentru o clipă că acest loc nu era potrivit pentru un gladiator ca el.Însă privirea Octaviei îl readuse rapid la realitate.Femeia îl privea intens,cu o combinație de autoritate și dorință în ochi.

-Grădina mea este un sanctuar pentru mine,un loc unde îmi pot permite să uit de regulile stricte ale Romei.Aici,nimeni nu-mi poruncește,spuse Octavia,întorcându-se spre Leontius.Și totuși,în această noapte,vreau să renunț la regulile mele.

Ești liber să faci ce dorești,fără limite.Leontius o privi pentru o clipă,încercând să înțeleagă cât de departe era dispusă să meargă această femeie din lumea privilegiată.Cu un zâmbet misterios,se apropie de ea,iar tensiunea dintre ei deveni aproape palpabilă.O ridică cu ușurință în brațe și o duse către un spațiu deschis din grădină,unde iarba moale și răcoarea nopții formau decorul perfect.Fără ezitare,Leontius își arătă forța și creativitatea,transformând noaptea într-o experiență pe care Octavia nu o mai trăise până atunci.Mișcările lui erau controlate,dar pline de pasiune,iar energia lui o copleși complet.Octavia,obișnuită să dețină controlul,se trezi pentru prima dată în postura de a fi condusă,iar asta o fascina.După ce nopții i se consumă focul,Octavia se întinse pe iarba răcoroasă,cu obrajii roșii și părul răvășit.Leontius,calm și tăcut,stătea lângă ea, privind cerul înstelat.Timp de câteva momente,niciunul nu spuse nimic,lăsând liniștea nopții să vorbească pentru ei.În cele din urmă,Octavia rupse tăcerea:
- Leontius,ești cu adevărat remarcabil.Forța ta...imaginația ta...nu sunt doar fizice.Sunt convinsă că vei fi la fel și în arenă.

Leontius își întoarse privirea spre ea,fără să spună nimic,dar ochii lui întrebau mai mult decât ar fi putut exprima cuvintele.Octavia continuă,ridicându-se ușor: Însă trebuie să știi că zilele tale nu vor fi ușoare.Te-am chemat aici nu doar pentru a te cunoaște,ci și pentru a te pregăti.În arenă,vei lupta împotriva celor mai buni.Leontius își încrucișă brațele,ascultând cu atenție.

-Două perechi de gladiatori vor fi adversarii tăi și ai Claudiei,partenera ta în luptă.Veți înfrunta Varus și Valeria,care reprezintă familia senatorului Gaius Valerius Maximus,și Nisria și Syrus,gladiatorii aleși de Marcus Junius Brutus.Leontius își păstră calmul,dar în mintea lui deja analiza șansele și strategiile.Era conștient că toți cei enumerați erau luptători de temut.

Octavia continuă,apropiindu-se de el și punându-i o mână delicată pe braț:

-Ești cel mai puternic dintre ei,Leontius.Și vreau să câștigi,nu doar pentru mine sau pentru Tiberius,ci pentru tine.Câștigă,și vei avea mai mult decât libertate.Vei avea Roma la picioare.

Leontius zâmbi ușor,dar gândurile lui erau deja îndreptate spre luptă.Octavia era,fără îndoială,o femeie periculoasă,dar știa că vorbele ei aveau un sâmbure de adevăr.Arenele Romei erau locul unde sclavii deveneau zei,iar el era hotărât să nu lase această șansă să-i scape.După noaptea memorabilă petrecută în grădina Octaviei,Leontius se întoarse la închisoarea gladiatorilor cu mintea încărcată de gânduri.Forța vorbelor Octaviei și promisiunile făcute îl făceau să privească spre viitor cu o hotărâre reînnoită.Totuși,responsabilitatea de a înfrunta cele două perechi de gladiatori în arenă îl apăsa.Știa că atât Varus și Valeria,cât și Nisria și Syrus erau adversari formidabili.În dimineața următoare,în curtea închisorii,gladiatorii se adunară pentru rutina zilnică de antrenament.Leontius,mereu un lider în tăcere,își observă prietenii și adversarii cu o atenție sporită.În ochii lui Arius și ai altor gladiatori din apropiere,se citea curiozitatea,dar nimeni nu îndrăznea să-l întrebe despre întâlnirea cu Octavia.Într-un colț mai retras al curții,Leontius fu abordat de Arius și de Cassius,un alt gladiator prieten apropiat.
- Leontius,ai ceva pe suflet,nu-i așa? întrebă Arius,bătându-l prietenește pe umăr. Ai fost la vilă,nu-i așa? Ce s-a întâmplat?Leontius oftă,dar zâmbi slab:
— Am fost.Și a fost...interesant. Octavia e o femeie puternică,dar și periculoasă.Mi-a spus despre lupta din arenă.Vom înfrunta Varus și Valeria,dar și Nisria și Syrus.Cassius își încrucișă brațele,ridicând o sprânceană:
-Adică toți cei mai buni gladiatori ai Romei.Ce plan are Octavia pentru tine? Leontius îi privi direct:
-Vrea să câștig.Spune că dacă voi reuși,voi avea Roma la picioare.Arius râse scurt:
-Roma la picioarele tale? Leontius,arena nu oferă decât sânge și moarte.

Dar...poate că tu vei reuși ceea ce alții doar visează.Cassius dădu din cap,serios:

- Nu uita,Varus și Valeria sunt mai mult decât simpli gladiatori.Au susținerea senatorului Gaius Valerius Maximus,iar Nisria și Syrus sunt legați de Marcus Junius Brutus.Tu și Claudia sunteți singurii pe care Octavia îi poate folosi.Va fi un spectacol,dar și un masacru.Leontius rămase tăcut pentru un moment,apoi vorbi cu hotărâre:

-Știu.Dar voi lupta,și nu doar pentru Octavia sau pentru libertate.Voi lupta pentru noi toți,pentru cei care au fost aruncați în arenă ca animale.Dacă e să mor,vreau să mor având șansa de a schimba ceva,chiar și pentru o clipă.În aceeași zi,antrenamentele continuau cu intensitate.Claudia,partenera lui Leontius,părea concentrată și distantă.Deși era o luptătoare experimentată,știa că această confruntare ar putea fi ultima pentru ea.În momentele de repaus,se apropie de Leontius:Am auzit că ai fost la Octavia.E adevărat ce se spune? Ne-a ales pe noi pentru a înfrunta cele mai periculoase perechi din arenă? Leontius aprobă din cap,iar Claudia zâmbi slab.

-Ei bine,atunci să fim cei mai buni.Dacă vom muri,măcar să murim cu demnitate.El îi strânse mâna,semn de respect reciproc.Cei doi știau că în arenă nu va fi loc de ezitare sau frică.

Cu fiecare oră,tensiunea creștea în închisoare.Gladiatorii știau că zilele următoare vor aduce spectacolul verii,dar și lupte pe viață și pe moarte.În celulele lor,Varus și Valeria discutau despre strategii,în timp ce Nisria și Syrus încercau să își mențină moralul ridicat.Leontius,însă,era calm.În mintea lui,revizuia fiecare mișcare,fiecare posibilitate.Știa că arena era un loc unde onoarea se întâlnea cu moartea,iar el era pregătit să-și joace rolul în fața Romei.Roma era în sărbătoare.De la primele ore ale dimineții,străzile orașului erau pline de oameni care se îndreptau către Colosseum.

Vânzătorii ambulanți ofereau delicatese,vin și mici suveniruri legate de jocuri,în timp ce copiii alergau entuziasmați printre picioarele trecătorilor.Clopotele din templele apropiate răsunau solemn,anunțând începutul unui spectacol grandios.Colosseumul,cel mai mare și mai impresionant amfiteatru al Romei,domina peisajul.Cu zidurile sale uriașe din piatră și arcades perfect sculptate,construcția părea să atingă cerul.Steagurile se agitau deasupra lojelor senatoriale,iar sclavii și funcționarii pregăteau ultimele detalii.Atmosfera era electrică,iar murmurul mulțimii creștea cu fiecare minut.În loja imperială,rezervată senatorilor de rang înalt și invitaților speciali,cele trei familii senatoriale se pregăteau să asiste la luptă.Senatorul Gaius Valerius Maximus stătea impunător,îmbrăcat într-o togă de un alb imaculat cu margini aurite,simbol al statutului său.Alături de el,soția sa,Aurelia Claudia,radia de emoție.Frumusețea ei,accentuată de bijuteriile scumpe și rochia din mătase albastră,atrăgea privirile celor din jur.Senatorul Marcus Junius Brutus era așezat alături,mai rezervat,dar cu o aură de încredere.

Livia Pompeia,soția lui,se agita discret,șoptindu-i constant soțului despre pariurile plasate.Eleganța Liviei era sobră,dar sofisticată,cu un aer care inspira respect.Nu departe,Senatorul Tiberius Claudius Nero își ocupa locul,discutând calm cu Cornelia Octavia,soția sa.Octavia,vizibil emoționată,își încrucișa mâinile peste piept,aruncând priviri nerăbdătoare spre arena unde urma să lupte protejatul ei,Leontius.Bijuteriile Octaviei sclipeau în soarele dimineții,iar veșmintele ei roșii simbolizau pasiunea și sângele.Sclavii lor,Cassius și alții, circulau între loji,oferind vin și fructe senatorilor,asigurând confortul elitei.Aproape toate locurile din Colosseum erau ocupate.Publicul,format din toate clasele sociale,de la cetățeni liberi până la sclavi,își manifesta nerăbdarea.Strigătele mulțimii se împleteau cu sunetele instrumentelor,iar prezența trompetelor romane anunța apropierea începutului spectacolului.Cei care veniseră să-și vadă favoriții scandau deja numele gladiatorilor:
— „Varus! Varus!"
— „Valeria! Valeria!"
— „Leontius și Claudia!"
— „Nisria și Syrus!"

Copiii aruncau petale de flori spre arena unde sclavii lucrau pentru a netezi nisipul,în timp ce legiunile de soldați romani păzeau ordinea.Trompetele răsunară,iar poarta principală a Colosseumului se deschise larg.Gladiatorii pășiră unul câte unul în arenă,fiecare cu o aură de măreție.Varus și Valeria,reprezentând familia lui Gaius Valerius Maximus,arătau impresionant.Varus,cu mușchii lucind sub soarele dogoritor,purta un scut masiv și un gladius strălucitor.Valeria,cu părul prins strâns și o expresie de oțel,purta o lance lungă, mișcându-se grațios,dar periculos.În spatele lor,Nisria și Syrus înaintau calm,dar cu priviri hotărâte.Nisria își purta sabia curbată cu o siguranță care trăda experiența,iar Syrus,cu torsul impunător și sulița sa,părea un adevărat zeu al războiului.Leontius și Claudia,reprezentanții familiei Tiberius Claudius Nero,completau spectacolul.Leontius pășea ca un leu,privirea sa căutând ochii rivalilor,iar Claudia își ținea scutul ridicat,gata să înfrunte orice provocare.Senatorii priveau spectacolul cu interes,discutând șoptit între ei.Aurelia Claudia își strângea mâinile în poală,încercând să mascheze îngrijorarea pentru Varus.Livia Pompeia părea sigură de succesul Nisriei și al lui Syrus,iar Octavia își sprijinea bărbia în mână,urmărindu-l intens pe Leontius.Înainte ca lupta să înceapă,un sclav aduse un bol de vin pentru fiecare dintre senatori,iar Tiberius ridică paharul:Fie ca cei mai buni să câștige,dar și ca noi să ne bucurăm de spectacolul măreț al Romei!Toți ridicară paharele,în timp ce trompetele anunțau primul semnal al luptei.Atmosfera devenea de-a dreptul incendiară.Trompetele răsunară din nou,iar mulțimea explodă în urale,sunetele vibrând în aerul fierbinte al arenei.Gladiatorii se aliniară în centrul Colosseumului, fiecare pereche pregătindu-se să lupte pentru onoare și supraviețuire.Soarele strălucea puternic,reflectându-se pe armele și armurile lor,creând un spectacol vizual grandios.

Primul semnal al organizatorului anunță începerea luptei.Perechile își evaluau adversarii cu priviri tăioase,fiecare încercând să-și mascheze emoțiile.Varus și Valeria se plasaseră strategic,Valeria cu lancea în mână,pășind ușor,cu ochii fixați pe Claudia.

Nisria și Syrus stăteau spate în spate,adoptând o postură defensivă care trăda anii de colaborare în luptele de antrenament.Leontius,cu sabia în mână,pășea lent în cerc,căutând un moment potrivit să atace.Claudia își ridică scutul,pregătită să respingă orice lovitură.Într-o clipă,Valeria se aruncă înainte,încercând o lovitură rapidă spre Claudia,dar aceasta bloca cu o agilitate surprinzătoare,făcând mulțimea să izbucnească în aplauze.Pe partea cealaltă,Syrus se îndreptă direct spre Varus,atacând cu sulița sa într-o mișcare precisă.Varus,cu reflexele-i rapide,blocă lovitura și ripostă cu o mișcare laterală, încercând să-l dezechilibreze pe Syrus.Cei doi păreau egali în forță și agilitate,iar schimbul de lovituri electriza publicul.Nisria,cu mișcări elegante,atacă în același timp cu Syrus,făcând o manevră neașteptată împotriva Valeriei.Cele două femei se angajară într-un duel spectaculos,săbiile lor lovindu-se cu un sunet metalic care reverbera în întreaga arenă.De sus,cele trei familii senatoriale urmăreau cu atenție fiecare mișcare.Aurelia Claudia își strângea mâinile nervos,incapabilă să-și ascundă îngrijorarea

pentru Varus.Livia Pompeia își ținea respirația de fiecare dată când Nisria sau Syrus erau aproape de o lovitură fatală.Octavia,însă,urmărea calm,încrezătoare în abilitățile lui Leontius și Claudia.
-Sunt egali ca forță,dar diferența va fi făcută de strategie,comentă Marcus Junius Brutus către Gaius Valerius Maximus.
-Sau de noroc,răspunse acesta cu un zâmbet șters,aruncând o privire către soția sa.Pe măsură ce lupta avansa,tensiunea crescuse la cote maxime.Syrus reuși să-i provoace o rană ușoară lui Varus,iar mulțimea izbucni într-un cor de urale.Valeria,însă,văzu momentul de vulnerabilitate al lui Syrus și interveni rapid,forțându-l să se retragă.Leontius,folosindu-și forța brută,o împinse pe Valeria înapoi,încercând să-i ia lancea.Claudia,pe de altă parte,țintea spre Nisria,care riposta cu mișcări calculate.Timp de câteva minute,arena deveni un haos organizat,fiecare gladiator dând tot ce avea mai bun.Sângele începu să coloreze nisipul,iar zgomotul mulțimii creștea tot mai mult.

Capitolul 11.Evadarea

Se lăsase seara peste Roma,iar Colosseumul era luminat de torțe,atmosfera fiind încă tensionată după lupta gladiatorilor.În lojă,Aurelia Claudia,alături de Livia Pompeia și Octavia, discutau în șoaptă,schimbând priviri conspirative.Un semn discret din partea Aureliei îi dădu de înțeles sclavului Cassius că era momentul să acționeze.Cassius,un bărbat tăcut,dar extrem de priceput în a manipula situațiile,se strecură pe coridoarele subterane ale arenei.Avea ascunse mai multe recipiente cu ulei inflamabil,pe care le așezase strategic în zona depozitelor de materiale,aproape de locurile unde se țineau animalele de luptă.Cu o siguranță de sine rece,aprinse torțele,iar flăcările începură să se extindă rapid.În același timp,Julia, sclava devotată a Octaviei,se afla la ieșirea arenei,alături de doi centurioni trimiși de legatul Titus Sabinus.Lavinia,sora gladiatoarei Nisria,reușise să-l convingă pe legat să intervină în salvarea gladiatorilor, promițându-i loialitatea familiei sale.Fumul începu să se ridice din coridoarele inferioare,iar mulțimea din tribune intră în panică.Strigătele oamenilor răsunau peste tot,iar organizatorii încercau să restabilească ordinea,dar focul se extindea prea repede.Fumul gros începu să pătrundă și pe arenă,făcându-i pe spectatori să fugă în toate direcțiile.În confuzia creată,Cassius apăru lângă gladiatori și le făcu semn să-l urmeze printr-un pasaj secret, în timp ce Julia îi aștepta cu o căruță ascunsă lângă ieșirea din arenă.Varus, Valeria,Nisria,Syrus,Leontius și Claudia se strecurară prin culoarele ascunse,ghidați de Cassius.Fiecare pas era o luptă cu fumul înecăcios și agitația generală.La ieșirea din Colosseum,Julia îi conduse pe gladiatori spre căruța păzită de cei doi centurioni.Lavinia îi aștepta acolo,emoționată și recunoscătoare că planul funcționase.Se grăbiră să urce în căruță,iar centurionii,cu o eficiență militară, se asigurară că nimeni nu îi urmărea.Flăcările se extinseseră rapid,distrugând o parte din structura arenei,iar în haosul general,autoritățile încercau să salveze cât mai multe vieți.Aurelia,Livia și Octavia părăsiră discret lojele,aparent neimplicate,dar cu inima bătându-le de emoție pentru succesul planului.Căruța îi duse pe gladiatori departe de Roma,într-o vilă ascunsă,proprietatea legatului Titus Sabinus.Vila era situată într-o vale retrasă,înconjurată de păduri dese,departe de ochii vigilenți ai Romei.Aici,cei șase gladiatori aveau să se odihnească și să își planifice următorii pași.Varus o privi pe Valeria,recunoscător pentru curajul și loialitatea lor reciproce.Nisria și Syrus discutau în șoaptă cu Lavinia,în timp ce Leontius și Claudia priveau împreună spre pădurea liniștită.Cassius și Julia rămâneau vigilenți,gata să intervină dacă cineva le-ar fi descoperit ascunzătoarea.În acea noapte,libertatea părea un vis posibil,dar toți știau că imperiul roman nu iartă pe cei care fug din ghearele sale.Noaptea liniștită de la vila ascunsă aducea o liniște neobișnuită pentru cei șase gladiatori.

După ani de lupte,sânge și durere,tăcerea pădurii era aproape stranie.Fiecare dintre ei încerca să înțeleagă ce urmează,dar umbrele trecutului și incertitudinea viitorului le apăsau inimile.Cassius și Julia,care păreau să-și asume rolurile de protectori ai grupului,îi adunaseră pe gladiatori într-o cameră largă,unde se așezaseră pe perne groase,în jurul unei mese joase.Lumina torțelor dansa pe pereți,iar Cassius începu să le vorbească cu o voce fermă:
-Știți că această fugă nu este sfârșitul.Este doar începutul.Roma nu va uita niciodată ce s-a întâmplat la Colosseum,iar senatorii implicați vor face tot posibilul să-și acopere urmele.Dar voi...voi sunteți o problemă pentru ei.
-Și ce vrei să facem? Să trăim ascunși pentru totdeauna? întrebă Leontius,cu brațele încrucișate și o privire îngrijorată.
-Libertatea de a trăi ca niște umbre nu este libertate.Valeria interveni:
-Dacă rămânem uniți,putem să găsim o cale să scăpăm definitiv de influența Romei.Am supraviețuit în arenă,am câștigat respectul mulțimii.Acum trebuie să luptăm pentru noi înșine.
-Și unde am putea merge? întrebă Nisria,privindu-și sora,Lavinia.Oriunde ne-am duce,Roma ne va găsi.Cassius zâmbi slab și arătă o hartă veche desfășurată pe masă.
-Titus Sabinus v-a oferit această vilă ca refugiu temporar,dar a pregătit și un plan.Dacă sunteți dispuși să vă aventurați,puteți pleca spre Britania.Acolo,influența Romei este mai slabă,iar rebeliunile sunt atât de frecvente încât ați putea găsi sprijin.Discuția continuă până târziu.Gladiatorii dezbăteau riscurile și șansele lor de succes.Varus,tăcut până atunci,luă cuvântul:
-În arenă,nu aveam nimic de pierdut.Acum,avem o șansă să luptăm pentru viața noastră,nu pentru distracția altora.Dacă Britania este soluția,atunci trebuie să încercăm.Dar trebuie să fim pregătiți pentru orice.Julia aduse niște hrană caldă și băutură pentru a mai alina

tensiunea.În timp ce gladiatorii își făceau planuri,Cassius îi șopti Juliei:Dacă vor reuși să scape,va fi o minune.Dar dacă vor fi prinși,vom plăti toți cu viața.Julia îl privi cu seriozitate:
-Ei merită această șansă.Au fost tratați ca animale,dar sunt mai umani decât toți cei care ne conduc.În zori,Lavinia îi conduse pe gladiatori într-un loc ferit din pădure unde doi dintre centurionii loiali lui Titus Sabinus pregătiseră cai și provizii.Planul era clar:să călătorească de-a lungul drumurilor mai puțin circulate,evitând garnizoanele romane,și să ajungă la o coastă unde o corabie îi va aștepta.Înainte să plece,Lavinia își îmbrățișă sora,Nisria:
-Ai grijă de tine.Dacă reușiți să ajungeți în Britania,poate va fi șansa ta să ai o viață nouă.Valeria,Nisria,Varus,Syrus,Leontius și Claudia porniră împreună,lăsând în urmă vila și pădurea.Cassius și Julia îi priveau cum dispar printre copaci,știind că drumul lor abia începea.În același timp,vestea incendiului din Colosseum și evadarea gladiatorilor se răspândise în Roma. Senatorii Gaius Valerius Maximus,Marcus Junius Brutus și Tiberius Claudius Nero se confruntau cu întrebări din partea împăratului însuși.
-Cineva trebuie să plătească pentru această rușine! strigă împăratul,aruncând o privire tăioasă asupra senatorilor.Pe măsură ce autoritățile romane intensificau căutările,soarta gladiatorilor era incertă.Dar,pentru prima dată,aveau o șansă reală de a decide propriul lor destin.Pe drum spre Britania,grupul celor șase gladiatori,însoțiți de doi centurioni loiali lui Titus Sabinus,înainta încet dar cu hotărâre.Pădurile dese,potecile ascunse și pericolele necunoscute deveniseră rutina lor zilnică.Se deplasau numai noaptea,folosind stelele și hărțile rudimentare oferite de Lavinia pentru a-și ghida pașii.Într-o seară,în timp ce grupul se odihnea lângă un izvor ascuns,Valeria îi adună pe toți:

-Trebuie să fim sinceri unii cu alții.Dacă vrem să ajungem vii în Britania,trebuie să avem încredere deplină.Cei care ne urmăresc sunt puternici,iar un moment de slăbiciune ne poate costa totul.Leontius aprobă, privind în jur:
-Ești liderul nostru natural,Valeria.Ai câștigat respectul meu în arenă,dar să supraviețuim aici e o altă luptă.Vom avea nevoie de mai mult decât forță.Varus,stând sprijinit de un copac, adăugă cu un zâmbet:
-Avem și șansă.Roma e mare,dar orgoliul lor e și mai mare.Nimeni nu-și va imagina că noi,niște sclavi fugari,vom reuși să scăpăm atât de departe.Nisria,care părea pierdută în gânduri,vorbi rar:
-Britania...Ar putea fi o promisiune sau o închisoare nouă.Dar mai bine murim încercând să fim liberi decât să trăim legați de lanțuri.Syrus îi puse mâna pe umăr:
-Vom reuși,Nisria.Împreună.După câteva zile de mers,grupul ajunse într-un sat mic,aproape pustiu.Casele erau modeste,iar locuitorii păreau speriați.Centurionii îi îndemnară să se grăbească.
- De ce graba? întrebă Claudia.Locul pare părăsit.Unul dintre centurioni,pe nume Faustus,răspunse cu un ton grav:
-Trupe auxiliare romane au fost văzute în apropiere.Sunt probabil în căutarea voastră.Dacă suntem prinși,vom fi executați toți.Valeria își încordă maxilarul și întrebă:
-Și ce propui?
-Ne despărțim aici.Eu și colegul meu vom merge înainte să-i abatem de pe urma voastră.Veți continua singuri spre coastă.Gladiatorii știau că era un risc uriaș,dar nu aveau altă opțiune.Faustus și colegul său plecară în grabă,lăsând grupul să se strecoare mai departe.Într-o noapte,în timp ce traversau un râu,zgomotul unui corn roman îi paraliză pentru câteva momente.

Valeria reacționă rapid:
-Ne-au găsit.Trebuie să ne ascundem.Grupul se împrăștie,folosind vegetația deasă pentru a se camufla.Câteva minute mai târziu,o unitate de zece soldați romani trecu pe potecă,torțele lor luminând întunericul.Din fericire,gladiatorii nu fuseseră descoperiți.După ce soldații trecură,Syrus murmură:
-A fost prea aproape.
-Vor fi mai multe astfel de momente,răspunse Leontius.Dar dacă rămânem calmi,avem o șansă.După două săptămâni de fugă continuă,ajunseră la o coastă stâncoasă.Acolo îi aștepta o mică ambarcațiune,condusă de un navigator grec trimis de Titus Sabinus.Navigatorul,pe nume Diocles,îi întâmpină cu un zâmbet:
-Ați ajuns la timp.Vânturile sunt prielnice,dar nu va fi o călătorie ușoară.Valeria îi strânse mâna:
-Orice e mai ușor decât ce am lăsat în urmă.În timp ce urcau la bord,fiecare gladiator simțea un amestec de ușurare și neliniște.Britania era încă departe,iar pericolele de pe mare erau la fel de mari ca cele de

pe uscat.Dar pentru prima dată,aveau speranță.Sclavii deveniseră fugari,iar fugarii erau pe cale să devină liberi.Povestea lor era departe de a se încheia,dar măcar acum era povestea lor,nu a Romei.Ambarcațiunea lui Diocles,mică dar solidă,se îndepărta de țărm sub acoperirea nopții.Fiecare vâslă trasă părea un pas mai departe de Roma și mai aproape de promisiunea libertății.Valeria stătea pe punte,privind valurile care se loveau de bordul navei.Gândurile îi erau un amestec de speranță și teamă.Syrus,așezat lângă ea,o întrebă:
-La ce te gândești?
-La ce va urma.Britania e departe,iar pericolele nu s-au terminat.Dar am învins moartea în arenă,Syrus.Vom învinge și aici.Pe măsură ce zilele treceau,grupul începea să resimtă oboseala și nesiguranța.Mâncarea era puțină,iar vremea se schimba rapid.Claudia,mai obișnuită cu viața de pe uscat, era cea mai afectată.
-Dacă vânturile ne împing prea mult spre nord,vom ajunge la coastele galice,nu în Britania,spuse ea,cu o voce răgușită.Navigatorul Diocles,calm ca întotdeauna,îi liniști:
-Cunosc aceste ape.Și chiar dacă am devia,găsim porturi sigure.

Nu vă temeți.Leontius,mereu protector,o sprijini pe Claudia,șoptindu-i:
-Ai încredere.Orice ar fi,nu vom da înapoi.În a patra noapte pe mare,cerul se întunecă brusc,iar valurile deveniră amenințătoare.Vântul urlător le smulgea aproape orice sprijin,iar mica lor ambarcațiune se clătina periculos.Valeria,împreună cu Varus și Leontius,ajutau la menținerea echilibrului navei,în timp ce Diocles striga ordine peste zgomotul furtunii.Nisria și Claudia se țineau strâns de catarg,iar Syrus încerca să protejeze proviziile.
-Nu ne putem întoarce acum! strigă Valeria,încercând să acopere urletul vântului.
-Trebuie să rezistăm! După ore întregi de luptă cu marea,furtuna începu să se domolească.Dimineața,erau epuizați,dar nava era încă întreagă.Diocles îi anunță:Suntem aproape.Mai este o zi sau două,și vom vedea coastele Britaniei.Când în sfârșit zăriră țărmul,un val de emoții îi cuprinse pe toți.Valeria căzu în genunchi,mulțumind zeilor,în timp ce Leontius,cu ochii fixați pe orizont,spuse:

-Nu e sfârșitul luptei,dar măcar am ajuns aici.Syrus,râzând,adăugă:
-Dacă Britania e la fel de rece pe cât am auzit,sper că măcar are vin bun.Nisria,cu o privire melancolică,șopti:
-Britania...poate aici vom găsi pacea pe care nu am avut-o niciodată.Pe țărm,Diocles îi lăsă în grija unui trib local,care fusese informat de planurile lor.Conducătorul tribului,o femeie pe nume Eira,îi primi cu scepticism dar și cu curiozitate.
-Ați scăpat de Roma,dar pământul nostru nu e mai sigur.Romanii vor veni după voi,iar noi nu putem risca.Dar dacă sunteți dispuși să luptați alături de noi,vom găsi un loc pentru voi.
Valeria, privindu-i pe ceilalți,răspunse cu hotărâre:
- Am fost sclavi,gladiatori și fugari.Știm să luptăm și știm să supraviețuim.Dacă ne oferiți o șansă,nu vă vom dezamăgi.Eira le întinse mâna,sigilând o alianță fragilă,dar promițătoare. Britania era un nou început,dar și un nou câmp de luptă.Povestea lor era departe de a se încheia.În tabăra tribului lui Eira,cei șase gladiatori încercau să se adapteze vieții din Britania. Nu era ușor.Terenurile mlăștinoase,vremea imprevizibilă și neîncrederea localnicilor erau doar câteva dintre provocările care îi așteptau.Totuși,Valeria și Varus,obișnuiți să inspire respect prin prezența lor,au reușit treptat să câștige încrederea tribului.
-Aici,fiecare zi e o luptă,spuse Eira într-o seară,așezată lângă foc alături de grup.
-Romanii sunt peste tot,dar nici noi nu suntem lipsiți de forță.Cei care supraviețuiesc sunt cei care știu să fie răbdători.Leontius întrebă:
-Și cât timp crezi că ne va lua până când romanii vor veni după noi?
Eira își ridică privirea,dură dar sinceră:
-Nu mult.Dar când o vor face,vom fi pregătiți.În săptămânile care au urmat,Valeria și prietenii ei s-au implicat activ în pregătirea tribului.Fiecare dintre ei avea ceva de oferit.

Valeria îi învăța pe războinicii tribului să folosească scuturile pentru apărare colectivă,o tactică inspirată din luptele romane.Varus,cu forța sa brută,îi antrena pe cei mai tineri în lupta corp la corp.
Nisria și Syrus se ocupau de pregătirea logistică,învățându-i pe localnici cum să organizeze rezervele de hrană și arme pentru un asediu.Claudia și Leontius lucrau împreună pentru a dezvolta o rețea de spioni care să monitorizeze mișcările romanilor.Eira era impresionată de abilitățile lor.Într-o noapte,stând alături de Valeria,îi spuse:
-Ai fost sclavă,dar spiritul tău nu a fost niciodată înrobit.Dacă vreodată vei vrea să conduci,oamenii mei te vor urma.Valeria,surprinsă,răspunse:
-Nu vreau să conduc.Vreau doar să trăiesc liberă.Eira zâmbi.
-Uneori,cei care nu vor putere sunt cei mai potriviți să o dețină.Într-o dimineață rece,un mesager ajunse în tabără.Era Lavinia,sora lui Nisria,trimisă de legatul Titus Sabinus.
-Romanii știu că sunteți aici,spuse ea,cu respirația tăiată după drumul lung.
-Titus încearcă să vă ofere timp,dar legiunea se pregătește să mărșăluiască.Nisria,îngrijorată,o trase deoparte.
-Ce vrea Titus? De ce ne ajută? Lavinia oftă.
— Poate pentru că știe că nu e corect ce vi s-a făcut.Sau poate pentru că nu vrea să vadă mai mult sânge pe mâinile lui.Grupul discută îndelung.Leontius propuse să lupte,dar Syrus era sceptic.
-Dacă o legiune întreagă vine după noi,nu avem nicio șansă.Varus îl privi în ochi.
-Dacă fugim din nou,vom fi vânați pentru totdeauna.Trebuie să arătăm că nu suntem prada lor.Tabăra începu să fie fortificată.Valeria,alături de Eira,coordona construcția de palisade. Spionii lui Claudia raportau mișcările romanilor,iar Leontius și Varus

antrenau trupele pentru bătălia ce urma.Într-o seară, în jurul focului,grupul stătea în liniște.Tensiunea era palpabilă. Valeria,rupând tăcerea, spuse:
-Indiferent ce se întâmplă mâine,știu că nu regret nimic.Am ajuns mai departe decât credeam vreodată că voi ajunge.Leontius,ridicând o cupă improvizată,adăugă:
-Și dacă vom cădea,vom cădea liberi.Toți au înclinat din cap,unindu-se în jurul aceleiași speranțe:libertatea.Dimineața următoare,sunetul tobelor romane răsuna în vale.Era semnul unei confruntări inevitabile.Privind de pe creasta dealului,Valeria își pregăti scutul,iar ceilalți o urmară.
-Astăzi,le arătăm ce înseamnă să lupți pentru ceva mai mare decât un imperiu, spuse ea.Și cu asta,cei șase gladiatori,alături de tribul lui Eira,se pregăteau să înfrunte cea mai mare provocare de până acum.Luna era aproape plină și sclipind pe cer,iar câmpul de luptă se întindea în fața lor,deschis și plin de tăcere înainte de furtună.Sunetul tobelor romane se auzea tot mai puternic,însoțit de mișcarea legiunii care se aduna într-un rând de soldați bine disciplinați.În fața lor,tribul lui Eira,împreună cu cei șase gladiatori,își făceau ultimele pregătiri.Valeria își lega cingătoarea strâns și își verifica scutul.Privind în jur la cei din jur,ea simțea fiecare moment încărcat de o emoție puternică.În acea clipă,nu mai era doar o femeie prizonieră,nu mai era o gladiatoare condamnată să lupte pentru divertismentul altora.Era o luptătoare pentru libertatea ei,pentru viața celor pe care îi considera frați.Varus,alături de ea,o privi cu aceleași gânduri tăcute. Cu toată forța și experiența lui,știa că,indiferent de cât de bine ar fi antrenat,astăzi va fi o luptă pe viață și pe moarte.A ridicat capul spre cer și,cu o voce joasă, spuse:
-Vom înfrunta legiunea ca niște lupi care apără turma.

Nu vom cădea ușor.Leontius, care se aflase întotdeauna în frunte,cu spatele drept și cu un ochi vigilent,se apropie de grup.

-Suntem gata.Nu-i lăsăm pe romani să creadă că pot să ne doboare fără luptă.Azi,îi vom face să învețe ce înseamnă să lupți pentru pământul tău.Claudia și Nisria,alături de Eira,își încurajau fiecare bărbat,fiecare războinic al tribului,pentru a face față atacului iminent.Atmosfera era încordată,dar inima tribului bătăta tare,fiecare simțind cum speranța și voința de a supraviețui se împletesc.Când romanii au avansat cu pași mari,într-o formație perfectă,Valeria,Varus,și ceilalți gladiatori au format un zid de apărare, pregătindu-se pentru ce era mai rău.Călăreții romani s-au năpustit asupra lor, dar forța și curajul celor șase gladiatori,alături de războinicii tribului,i-au surprins pe romani.Fiecare atac,fiecare lovitură,era o furtună de furie.Valeria își înfrunta adversarii cu viteza și precizia unui lup sălbatic,lovind cu scutul și cu sabia,cu fiecare mișcare o lecție despre supraviețuire.Varus se arunca în mijlocul luptei cu furie,cu brațele puternice care frângeau oase și împrăștiau inamicii.Leontius își croia drum prin rândurile romane cu o tehnică desăvârșită,iar Nisria și Syrus erau ca niște umbre care atacau din toate unghiurile.În timp ce tribul lui Eira lupta cu disperare pentru a-și proteja pământurile,cei șase gladiatori deveneau din ce în ce mai neînduplecați.Cei șase gladiatori,împreună cu Eira,conducătoarea tribului,aveau acum o viziune mult mai mare decât doar supraviețuirea.După ce au reușit să câștige bătălia împotriva legionarilor romani,victoria lor nu a fost doar un triumf personal,ci un semnal pentru toți cei oprimați de Imperiul Roman.Nu erau doar gladiatori,nu erau doar luptători;erau lideri ai unei cauze mult mai mari.În acele zile care au urmat bătăliei,la marginea unei păduri dense,acoperite de cețuri mistice,cei șase gladiatori și Eira s-au

întâlnit pentru a discuta strategia lor.Focul dansa în mijlocul cercului lor,iar umbrele lor se întindeau pe pământul umed,creând un tablou apocaliptic.Decizia era luată.Valeria se ridică de la foc și privește în jurul celor care o ascultau cu atenție.Viziunea ei despre lupta pentru libertate se contura clar în mintea sa.
-Romanii nu vor mai controla această lume,spuse ea cu voce hotărâtă.
-Dar pentru asta trebuie să ne ridicăm,trebuie să căutăm aliați,nu doar în mijlocul celor oprimați,ci printre toți cei care vor o schimbare.Varus, privind în direcția unde se desfășura luptele de antrenament,continuă:
-Vom strânge o armată.Vom căuta printre localnici o mie de luptători care să ne urmeze, care să lupte pentru această cauză.Nu este vorba doar despre lupta fizică,ci despre a învăța pe toți ce înseamnă să ai curajul să te ridici împotriva celor care te doresc subjugat.Leontius,care fusese mereu un gânditor tactician,propuse un plan mai elaborat.
-Vom acționa pe mai multe fronturi.Spionii noștri trebuie să fie ochii și urechile noastre în rândurile romanilor.

Avem nevoie să aflăm despre punctele lor slabe,despre mişcările lor şi despre orice alianţe ar putea forma.Trebuie să găsim acele momente când Imperiul nu va fi pregătit să ne înfrunte.Nisria, cu o voce rece,dar plină de determinare,se alătură discuţiei:
-Ştim cu toţii cât de puternici sunt romanii.Dar ei nu sunt invincibili.Am învăţat asta în arenă,am învăţat-o pe pielea noastră.Ceea ce nu ştiu ei despre noi este că avem o voinţă care nu poate fi înfrântă.Syrus zâmbi,privindu-i pe toţi cu un aer de încredere.
-Am dovedit că putem înfrunta chiar şi cele mai mari armate,dar acum avem o armă mai puternică decât toate oştirile romane la un loc:avem o cauză.Şi o cauză dreaptă nu poate fi înfrântă.Claudia,care până atunci se uitase în tăcere la toţi,adăugă cu voce gravă:
-Aşa cum am luptat pentru propria noastră libertate,vom lupta acum pentru libertatea celor care nu pot lupta singuri.Dacă romanii vor încerca să ne oprească,vom arăta lumii ce înseamnă adevărata putere a unui popor unificat.Eira,privind în jurul lor,simţea că momentul lor venise.Voi fi cu voi în fiecare pas pe care îl faceţi.Tribul meu va lupta alături de voi,vom aduna cât mai mulţi luptători din zonele din jurul nostru.Iar dacă vom avea nevoie de ajutor,voi şti că avem mulţi care ne vor sprijini.În următoarele săptămâni,spionii lor începeau să activeze în diverse colţuri ale Imperiului Roman,adunând informaţii şi contacte despre posibili luptători care ar putea să li se alăture.Ei se infiltrau în taberele romane,ascultau conversaţiile, adunau informaţii şi chiar recrutau tineri care erau nemulţumiţi de guvernarea romană.În acelaşi timp,Leontius şi Valeria călătoreau în regiunile vecine, adunând soldaţi şi războinici care ştiau ce înseamnă să lupte pentru o cauză mare. Varus şi Claudia rămâneau în tabăra lor,ocupându-se de instruirea celor care se alăturau grupului lor,iar Nisria şi Syrus continuau să organizeze raiduri asupra avansurilor romane,

demonstrându-le că nimic nu poate opri forța lor.În câteva luni,în locul acela retras,unde fumul focurilor de tabără se înălța la cer,o armată de aproximativ o mie de luptători se adunase.Fiecare dintre aceștia venise dintr-un colț al lumii unde opresiunea romană era la fel de vie.Unii fuseseră captivi,alții erau fugiți de la fronturile romane,iar mulți dintre ei nu aveau nimic de pierdut.

-Acum suntem gata,spuse Varus,privind armata care se aduna în fața lor.Romanii ne-au dat foc la case,ne-au zdrobit triburile,ne-au luat libertatea.Acum e timpul să le arătăm ce înseamnă să fii liber.Planul era clar: o invazie a Romei.Această armată formată din luptători dornici să răzbune opresiunea romană avea să se ridice împotriva celor care le furaseră totul. Dacă Roma nu le va da ce merită,atunci vor lua ei totul.Așa începea asaltul asupra Imperiului Roman,o revoluție care promitea să răstoarne ordinea stabilită și să aducă o nouă eră de libertate pentru toți cei care aveau curajul să lupte.

Capitolul 12.Atacul și cucerirea Romei

După evadarea spectaculoasă a celor șase gladiatori și fuga lor din Roma,panica se instalase rapid în sânul celor care formau cercurile de putere ale Imperiului Roman.Senatori și Legați au cerut explicații Legiunii XIII,care era responsabilă cu apărarea Romei și a Colosseumului,locul unde aveau loc luptele care îi făcuseră celebri pe gladiatori.Este de înțeles că, în fața unei astfel de umilințe,comandantul Legiunii XIII a fost schimbat cu un altul mai loial și mai dornic de răzbunare.Un astfel de incident,în care o unitate de gladiatori fugise și bătuse o armată romană,nu putea rămâne fără consecințe.Împăratul,furios și dorind să arate întregii lumi că autoritatea sa era supremă,ordonase ca cei șase gladiatori să fie capturați cu orice preț și executați public.

Sentința era clară:morți,pentru a fi un exemplu pentru toți cei care îndrăzneau să se ridice împotriva Romei.Împăratul și consiliul său sperau ca prin eliminarea celor șase luptători să descurajeze orice altă revoltă din interiorul Imperiului.Gladiatorii nu aveau voie să se înalțe la rangul de eroi ai poporului.Dar Roma era în pragul unei revoluții tăcute,una care nu venea din partea răsculaților,ci din umbra celor care ar fi trebuit să fie cei mai loiali apărători ai Imperiului: soțiile senatorilor.Cele trei femei,Aurelia Claudia,Octavia Pompeia și Livia Cornelia,și-au dat seama că,deși erau în vârful ierarhiei sociale,soții lor nu erau decât unele dintre piesele unui sistem corupt și neputincios,în fața căruia nu aveau nicio putere reală.Așezate la mesele oficiale și în cercurile de putere,ele erau martore la abuzurile și nedreptățile celor din jur,dar nu se puteau împotrivi fără a risca totul.Într-o seară de tăcere profundă,în care doar sunetul vântului se auzea în grădinile vilelor senatoriale,cele trei femei s-au întâlnit în secret,hotărându-se să acționeze împreună.Fiecare dintre ele avea motivele sale personale pentru a dori moartea soților lor.

Aurelia, căsătorită cu Gaius Valerius Maximus, se simțea trădată de faptul că el o folosea ca pe o marionetă pentru propriile sale jocuri de putere. Octavia, soția lui Marcus Junius Brutus, era chinuită de trădările constante ale bărbatului ei, care o neglija complet în favoarea ambițiilor sale politice. Livia, soția lui Tiberius Claudius Nero, se simțea doar un trofeu într-o competiție care nu avea nicio legătură cu iubirea adevărată, iar legăturile sale politice erau doar o cale de a câștiga mai multă putere în Roma. Astfel, ele au pus la cale un plan îndrăzneț: vor pune capăt domniei soților lor, nu printr-o revoltă evidentă, ci printr-o lovitură de stat discretă, dar fatală. Fiecare dintre ele urma să-și folosească influența pentru a manipula situația din umbră, iar în cele din urmă, să-și răzbune bărbații. În acea noapte, Julia, o sclavă de încredere a lui Aurelia, a plecat în secret spre Bretania, acolo unde știa că va găsi un aliat capabil să ajute în finalizarea planului. Julia nu era doar o simplă sclavă, ci o femeie cu legături puternice în lumea subterană a Romei, cunoscând secretul multor bărbați importanți și ale căror nume nu ar fi fost niciodată rostite în fața unei adunări de senatori.Julia a căutat,în Bretania,o rețea de asasini plătiți care să aducă moartea pentru soții celor trei femei.În această perioadă,soțiile senatorilor se întâlneau periodic,continuând să se facă părtașe la planul comun,stabilind fiecare detaliu al asasinatelor și al diversiunii care ar fi urmat.Fiecare detaliu era esențial.Fiecare mișcare trebuia să fie calculată pentru a asigura succesul operațiunii și pentru a ascunde dovezile în spatele unui joc de putere al Romei care,deși înfloritor la exterior,era pe cale să cedeze sub presiunea unei revoluții ce se contura din interior.Între timp,gladiatorii se adăposteau în locuri sigure,fiind în permanență mutați de la un adăpost la altul,pentru a nu fi prinși de soldați romani.Războiul lor nu se terminase;dincolo de murmurul conspirativ al senatoarei și al femeilor care își doriseră schimbarea,adevăratele bătălii urmau să fie duse în inima Romei.Pe măsură ce planul se desfășura,fiecare detaliu al acestuia devenea tot mai complex și mai riscant.Julia,ajunsă în Bretania,a reușit să stabilească contacte cu o rețea de asasini bine antrenați, oameni obișnuiți cu tăcerea și cu umbrele din care își făceau meseria.

Deși călătoria fusese lungă și periculoasă,Julia s-a întors la Roma cu un grup de mercenari capabili să răspundă ordinelor lor.Acest grup fusese instruit să nu lase urme,să acționeze rapid și să dispară înainte ca cineva să poată reacționa.Între timp,cele trei femei continuau să își joace rolurile în fața soților lor,făcându-le pe fiecare dintre ei să creadă că totul este în ordine.Gaius Valerius Maximus,Marcus Junius Brutus și Tiberius Claudius Nero erau tot mai încrezători în propriile puteri,în ciuda zvonurilor care circulau despre posibile răscoale și tensiuni în imperiu.Ei nu știau că sub picioarele lor se prăbușește un plan diabolic care urma să le aducă moartea.Julia a revenit din Bretania și s-a alăturat sclavelor de încredere ale senatorilor.Știa că acțiunile lor trebuiau să fie foarte precise.În acea noapte,Julia a reușit să o contacteze pe Lavinia,sora lui Nisria și o altă femeie de încredere a senatorului Marcus Junius Brutus.Lavinia,deși tăcută și rezervată, era complet dedicată ideii de a schimba Roma,iar loialitatea ei față de sora sa și față de cei care se opuneau imperiului o făcea să accepte orice risc.În acea noapte,cele trei femei și Lavinia s-au întâlnit într-un loc secret,unde șa-au dat ultimele

Planul lor prevedea ca,în timpul unei mari adunări senatoriale,asasinul să pătrundă în palatul senatorului Brutus și să-l execute pe acesta.În același timp,pentru Gaius Valerius Maximus și Tiberius Claudius Nero,soțiile lor trebuiau să creeze o diversiune care să le permită celor doi asasini să pătrundă în apartamentele lor și să le pună capăt vieții. Misiunea urma să fie finalizată până la zori,când zvonurile despre moartea celor trei lideri ar fi făcut ca Roma să fie zguduită până în temelii.Într-o seară de toamnă,planul a fost pus în aplicare.Cele trei femei s-au întâlnit cu sclavii lor de încredere,iar Lavinia a avut grijă ca toți să fie la locul potrivit la momentul potrivit.Julia,pe cale de a se întoarce în vila senatorului,a primit ultimul semnal.Soțul Aureliei,Gaius Valerius Maximus,își pregătea o întâlnire cu senatorii din afaceri externe și se aștepta să fie singur în palatul său.Era momentul decisiv.A fost o noapte în care tăcerea domnea peste Roma,iar în spatele zidurilor palatelor senatoriale,femeile și sclavii lor își îndeplineau destinul.Prima lovitură a fost dată în palatul lui Brutus. Asasinul,mascat și tăcut ca o umbră,a pătruns în încăperea senatorului și,în câteva momente,destinul acestuia fusese pecetluit.

A urmat apoi Gaius Valerius Maximus și, în sfârșit, Tiberius Claudius Nero. Moartea lor a fost rapidă și tăcută, fără ca aceștia să fi avut vreun semn de avertisment. Când zoriile zilei au adus lumina, Roma s-a trezit în mijlocul unei veri turbulente, fără cei trei senatori. Orașul vibra de zvonuri, dar nimeni nu știa cine ar fi putut fi în spatele acestor asasinate. Celor care stăteau la vârf le era clar că Roma se afla în pragul unei mari schimbări. Cel puțin, în spatele ușilor închise, cei care visau la o altă ordine știau că erau pe cale să creeze un nou început. Gladiatorii, încă ascunși, erau acum mai aproape de obiectivele lor. După moartea senatorilor, restul Roma a fost cuprinsă de o frică stranie, iar acei care trăiau în umbra puterii și dorinței de a rupe lanțurile dominației romane știau că era momentul să acționeze. Roma însă, mai mult decât oricând, avea să fie înțeleasă ca un loc de lupte în care fiecare bătălie se câștiga nu doar cu sânge, ci și cu minte și cu trădări care se ascundeau în colțurile cele mai întunecate ale orașului. După asasinarea celor trei senatori, Roma a intrat într-o stare de haos controlat. Zvonurile s-au răspândit rapid, dar adevărul a fost ascuns, iar populația a început să se întrebe cine ar fi avut puterea și curajul de a acționa împotriva celor mai influente figuri politice ale Imperiului Roman.Fiecare dintre cei care au contribuit la acele crime avea un scop diferit,dar ceea ce le unea era dorința de a schimba soarta Romei și de a răsturna puterea imperială.Gladiatorii care se ascundeau,dar care erau la curent cu evoluția situației,au înțeles că,odată cu moartea celor trei senatori,se deschidea o oportunitate rară.Era momentul să își adune o armată și să lupte pentru ceea ce considerau a fi dreptatea lor.În timp ce Roma era zguduită de crime,cei șase gladiatori care fuseseră salvati în urma incendiului din Colosseum aveau să joace un rol crucial în viitoarea luptă pentru putere.Varus,Valeria,Nisria,Syrus,Leontius și Claudia s-au adunat pentru a discuta despre următorii pași.Aveau nevoie de o strategie,de o armată bine pregătită și de sprijinul celor care se opuneau regimului imperial.Într-un loc secret,unde se adunau susținătorii lor,au început să planifice.La fel ca și înainte,fiecare dintre ei avea o motivație personală pentru a lupta împotriva Romei,dar acum scopul lor era mult mai mare,eliberarea întregii lumi subjugate.

-Avem nevoie de mai mulți bărbați și femei care să lupte alături de noi,a spus Varus, privind în jurul camerei.

-Nu putem înfrunta Roma cu doar câțiva oameni.Trebuie să ne alăturăm celor care ne împărtășesc dorința de a înfrunta imperiul.

-Și trebuie să acționăm repede,a spus Valeria,cu voce hotărâtă.

-Senatorii rămași vor începe să lupte pentru putere și va fi un timp dificil pentru noi dacă nu acționăm acum.Leontius,cu expresia sa de războinic experimentat,a dat din cap.

-Trebuie să ne infiltrăm în oraș.Vom face apel la cei care sunt nemulțumiți de regimul roman.Vom face asta din umbră,dar cu o putere pe care Roma nu o poate înfrunta.

Așa că, împreună,cei șase gladiatori au început să construiască o rețea de suport din interiorul Romei.Spre deosebire de alte războaie,aceasta nu era o luptă convențională,era una de subminare,de infiltrație,de manipulare a mulțimii.Spionii lor erau din toate colțurile imperiului,iar ideea lor era de a aduna o armată din rândul celor oprimați,sclavi,coloni și fermieri care trăiau sub jugul Imperiului Roman.Aurelia Claudia,soția senatorului Gaius Valerius Maximus,aflată încă în locuința sa,se pregătea pentru o schimbare.Soțul ei fusese ucis,iar acum Roma era într-o stare de frică și nesiguranță.Ea știa că,dacă vrea să aibă o șansă în această lume tumultuoasă,trebuia să se alăture celor care luptau împotriva Romei.Alături de Lavinia și de ceilalți spioni,Aurelia plănuia să își pună în aplicare propriile interese.Avea de gând să-i ajute pe gladiatori să ajungă în vârful puterii,iar după aceea să își câștige propriul loc pe cale să înfrunte alte forțe politice.Așadar,toate firele se unesc,iar Roma începe să se clatine.Într-o eră a fricii și a intrigilor,cei care vor să distrugă Imperiul Roman se află acum într-o poziție privilegiată.Gladiatorii,alături de susținătorii lor,se pregătesc pentru o bătălie care ar putea schimba nu doar Roma,dar întreaga lume cunoscută.Cei șase gladiatori,fiecare cu o poveste și cu un scop propriu,aveau o singură misiune acum:să răstoarne Roma.Iar,în ciuda întregii lupte și a sacrificiilor care aveau să urmeze,pentru prima dată în viața lor,se simțeau mai liberi decât oricând.

Atacul la Colosseum fusese planificat cu minuțiozitate.Varus și grupul său de gladiatori,alături de o armată de o mie de soldați adunați din Bretania și alte colțuri ale Imperiului Roman,erau pe cale să realizeze un act de război fără precedent.Odată ce au pătruns în subsolurile Colosseumului,unde se aflau temnițele,au început eliberarea prizonierilor gladiatori.Cu un semnal dat de Varus,au spart ușile grele ale celulelor,eliberând zeci de bărbați și femei care fuseseră folosiți pentru distracția romanilor,oameni care acum aveau șansa de a lupta pentru libertatea lor.

-Suntem liberi! a strigat un gladiator eliberat,cu ochii plini de lacrimi și cu pumnii ridicați în aer.Nu doar pentru noi,ci pentru toți cei care au fost subjugati de acest Imperiu corupt! a răspuns Varus,care știa că aceasta era doar o parte dintr-un plan mult mai mare.Cei eliberați se adunau rapid și,alături de soldați,formau o armată de temut.Însă bătălia adevărată abia urma să înceapă.Întregul grup de gladiatori și soldați,după ce au trecut prin catacombe și tuneluri secrete,au reușit să ajungă la porțile orașului Roma.Fără să atragă prea multă atenție, au instalat tabăra lor pe o colină,departe de ochii curioșilor,dar suficient de aproape pentru a fi pregătiți să pornească un atac fulgerător.Așteptau doar semnul pentru a invada orașul.La acea vreme,Roma era în plin haos,după uciderea senatorilor,orașul se afla în pragul unei revolte.Împăratul și conducerea Romană erau confuzi,iar în jurul lor se ridicau voci care cereau răzbunare și restabilirea ordinii.În acest context de panică,Varus știa că era momentul potrivit pentru a acționa.Se simțea încrezător,dar și precaut.Roma nu putea fi cucerită ușor.În aceleași momente,în interiorul Romei,spionii gladiatorilor se infiltrau tot mai adânc,raportând mișcările trupelor și orice schimbare în strategia autorităților romane.Lavinia,sclava senatorului Marcus Junius Brutus,se află acum într-o poziție puternică și influentă,având acces aproape nelimitat la informațiile secrete.Ea știa că deciziile luate în acele momente de Împărat și de senatori aveau să stabilească viitorul Romei.Între timp,în vila senatorilor,Aurelia Claudia și Octavia își plănuiau mișcările.Când vor veni gladiatorii să atace,va trebui ca cele două soții să colaboreze cu spionii lor pentru a destabiliza armata romană din interior.Erau pregătite să își asume riscuri mari pentru

a-și salva propriile vieți și,de ce nu,pentru a deveni,eventual,o forță politică importantă.
-Momentul a sosit,i-a spus Lavinia lui Varus,într-un schimb de mesaje secrete.
-Împăratul și senatori sunt vulnerabili.Dacă veți lovi acum,Roma va cădea.Varus știa că,dacă înfrunta Roma acum,nimic nu putea opri schimbarea.Întregul oraș urma să fie zguduit de forța unei armate formate din foști gladiatori,oameni înfometați de libertate și dornici de răzbunare.
-Acesta va fi sfârșitul Romei așa cum o cunoaștem,spuse Varus.
-Mâine ne vom confrunta cu cea mai mare provocare a noastră.Armata sa a fost pregătită pentru marea bătălie,iar cei care au supraviețuit până acum în Colosseum aveau dorința de a răzbuna toate suferințele îndurate.Gladiatorii,care fuseseră cândva sclavi și jucători într-o piesă de teatru sângeroasă,acum erau gata să scrie un nou capitol în istoria Imperiului Roman.În acel moment,Varus a dat semnalul.
-Să începem! a strigat el,iar armata sa,având un singur scop clar în minte,cucerirea Romei,s-a năpustit către oraș,pregătită să schimbe pentru totdeauna soarta Imperiului Roman.
Armata de gladiatori și soldați adunați din Bretania a început să se miște spre Roma în liniște,ca un val implacabil care nu putea fi oprit.Varus și cei șase gladiatori comandau cu hotărâre fiecare pas al atacului.Cu fiecare oră care trecea,Roma devenea tot mai aproape de prăbușire.În jurul orașului,noaptea se lăsase,iar în aer se simțea o tensiune grea,ca o presimțire a unei furtuni care urma să se abată asupra capitalei Imperiului Roman.Lumina palidă a lunii se reflecta în apele râului Tibrul,iar străzile înguste ale Romei păreau liniștite la prima vedere,dar în realitate,totul era plin de agitație.În Senat,dezbaterile se intensificau,fiecare senator era pe cale să ia decizii care ar fi putut înfrunta mânia celor care veniseră să răzbune

suferința lor.Între timp,în apropierea gladiatorilor,Lavinia, sclava senatorului Brutus, se infiltra cu abilitate printre rândurile celor care aveau acces la informațiile cele mai sensibile.Ea știa ce avea să se întâmple și era gata să joace ultimul său rol.

-Roma va cădea.Iar voi veți fi cei care o veți duce la capăt,le spunea ea în șoaptă gladiatorilor care se pregăteau pentru atac.Pe măsură ce se apropiau de Roma,Varus își adună oamenii.Erau gata să înfrunte orice provocare,însă știau că vor fi confruntați nu doar cu soldați romani,dar și cu forțele politice care se aflau în spatele acestora.

-Visează la o viață liberă,dar nu ne putem permite să fim naivi,le-a spus Varus,privindu-i în ochi pe toți gladiatorii din fața sa.

-Roma va lupta pentru a-și proteja puterea.Noi trebuie să fim mai puternici decât ei.Într-o zonă aflată la periferia Romei,unde zidurile impozante se ridicau ca o fortăreață,armata lui Varus s-a împărțit în grupuri mici și a început să se strecoare printre străzi.Între timp,sclavii senatorilor,inclusiv Cassius și Julia,pregăteau terenul pentru atacul final.Cassius,care știa fiecare cotlon al palatului imperial, a primit instrucțiuni clare:să creeze haos în interiorul Romei,să semene panică și să asigure o cale liberă pentru gladiatori.

-Trebuie să ținem legătura cu Varus și să ne asigurăm că semnalul este dat la timp,îi spuse Cassius Juliei,care,la rândul ei,începuse să coordoneze grupurile de infiltratori.

-Doar atunci va fi posibilă o invazie rapidă.În centrul Romei,în fața palatului imperial,atmosfera era electrizantă.Într-o încăpere luxoasă,senatorii se adunau pentru a discuta despre securitatea capitalei și despre cum să înfrunte răscoala gladiatorilor.Împăratul însă nu știa că o mare parte din planul lor era deja compromisă de trădători din interior.La vila senatorului Gaius Valerius Maximus,Aurelia Claudia,soția acestuia,aflase despre atacul iminent.

Cu ochii plini de neliniște,dar și cu un curaj neobișnuit,ea și Octavia aveau doar o singură idee în minte:să își protejeze copii și să asigure că familia lor va supraviețui acestei crize.Însă niciuna dintre ele nu mai putea preveni ceea ce urma.În fața palatului imperial,soldații romani se pregăteau pentru un atac,dar nu știau că Varus și armata sa erau deja foarte aproape.

-Este timpul,murmură Varus,cu o determinare rece.Cu fiecare pas înainte, simțea că timpul le este din ce în ce mai favorabil.La un semn din partea lui,o echipă de gladiatori a intrat pe ascuns printr-o fereastră largă,spartă cu forța,și a acoperit locul.Un alt grup s-a strecurat spre zidurile interioare ale palatului,distrăgând atenția soldaților care păzeau intrările.Când focul a izbucnit în interiorul unei secțiuni din oraș,panică s-a instalat rapid.Flăcările au străbătut străzile și au iluminat cerul,iar zgomotul lor a făcut ca întreaga cetate să fie cuprinsă de un haos total.În această distragere,Varus și gladiatorii săi au pătruns adânc în Roma,iar restul armatei s-a năpustit asupra zidurilor capitalei,începând să le dărâme cu puterea lor combinată.Roma se afla pe cale să fie cucerită,iar legiunile romane rămâneau neputincioase în fața determinării gladiatorilor.Varus știa că Roma nu se va lăsa ușor înfrântă,dar ceea ce nu știa încă era că acest atac va marca începutul unei noi ere,o eră în care gladiatorii nu vor mai fi doar sclavi sau spectatori,ci conducători ai unei lumi noi. Atacurile gladiatorilor,conduși de Varus și susținuți de armata lor de o mie de soldați și luptători din Bretania,continuau să lovească în inima Romei.Pe măsură ce intrau din toate părțile orașului,forțele lor organizate reușeau să dezvăluie slăbiciunile capitalei romane.Roma,care de secole fusese invincibilă în fața invaziilor externe,se afla acum în fața unei revolte interne,alimentată de furia și dorința de libertate a celor care odată erau doar sclavi și gladiatori.Împăratul,aflat în palatul său din vârful colinei Palatine, se pregătea să apere Roma până la ultima suflare.Dar,în fața armatelor de gladiatori,chiar și zidurile impresionante ale palatului și legiunile disciplinate păreau a fi insuficiente.Împăratul a ordonat evacuarea rapidă a celor mai importante persoane din palat,dar pentru mulți era deja prea târziu.În timp ce Varus și gladiatorii săi se apropiau de Palat,Cassius și Julia,prin intermediul lor,reușeau să creeze haos la nivelul palatului imperial.Julia,infiltrată printre servitorii palatului,reușea să-i direcționeze pe cei care aveau informații importante către Varus,iar Cassius pătrundea în camerele interioare,unde senatorii și familia imperială încercau să-și salveze viața.Cu fiecare detaliu al planului care ieșea la iveală,Varus devenea din ce în ce mai sigur de victorie.

În același timp,cele trei soții ale senatorilor,Aurelia,Octavia și Cornelia,se aflau într-o situație complicată.La început,au fost șocate de revolta gladiatorilor,dar în curând și-au dat seama că schimbările care se petreceau nu le afectau doar prin moartea soților,ci și viitorul Romei.Ele se regăseau într-o poziție imposibilă,între loialitatea față de familiile lor și dorința de a supraviețui în noile condiții.În adâncul inimii lor,fiecare dintre ele se întreba ce va urma pentru Roma și dacă își vor găsi vreodată pacea.

-Este aproape imposibil de crezut,spunea Aurelia cu voce tremurândă,privind în direcția infernului care se desfășura pe străzile Romei.

-Roma va cădea.Nici nu știm unde să ne ascundem.

-Ei sunt aici pentru ceea ce le-am luat.În numele libertății și al dreptului lor de a trăi ca oameni,a spus Octavia,cu ochii plini de ură față de soțul ei și față de sistemul opresiv pe care îl reprezenta.

-Și dacă Roma se va prăbuși,atunci așa trebuie să fie.În situația lor,chiar și în momentele cele mai grele, aceste femei aveau un rol crucial.Ele aveau informațiile de care gladiatorii aveau nevoie pentru a înfrunta ultimele rezistențe ale armatei romane,Comandantul Leginii a -XIII- a ordonat retragerea din fața forțelor gladiatorilor.Dar la un semn din partea lui Varus,toate planurile legionarilor se năruiau.Într-o luptă feroce,gladiatorii s-au confruntat cu soldații romani,iar Varus și cei șase gladiatori au reușit să pătrundă până în interiorul Palatului Imperial.În mijlocul haosului,Senatul și conducătorii lor au fost capturați sau au fugit,iar forțele de apărare ale Romei erau învins în fața furiei și dârzeniei celor care își doriseră mereu libertatea.Când Varus a pătruns în sala tronului,privirea sa era plină de decizie:Roma a avut ocazia să devină ceea ce ar fi putut fi.A fost o oportunitate pierdută,dar acum vine o nouă eră,le-a spus gladiatorilor săi,care l-au urmat în tăcere.Fiecare bătălie din acea zi a fost decisivă,iar Roma se afla în pragul unei noi ere.Gladiatorii, oamenii care fuseseră umiliți și zdrobiți sub jugul Imperiului Roman,reușiseră să răstoarne vechiul sistem.Aflându-se în fața triumfului,Varus știa că drumul său nu se va încheia aici.Dacă vrea ca revoluția să fie completă,trebuie să construiască o nouă ordine din cenușa Romei,o ordine în care gladiatorii vor fi nu doar supraviețuitori,ci lideri.Dar Varus știa și că drumul spre acest nou început va fi plin de lupte și trădări,și că victoria sa nu va fi niciodată definitivă până când Roma nu va fi distrusă complet.

Capitolul 13.Varus se proclamă împărat

Odată cu pătrunderea în Palat,Varus și gladiatorii săi au început să forme planuri pentru viitor,pentru a asigura că Roma nu va mai putea niciodată să recupereze puterea.Căderea Romei nu era doar o victorie pentru Varus și cei șase gladiatori,ci și o luptă continuă pentru libertate și pentru dreptul de a fi stăpâni pe propria viață. Cucerirea Romei de către armata lui Varus a fost o mișcare bruscă și decisivă,o culminare a unei perioade tumultoase de revolte și lupte interioare. După ce Varus și gladiatorii săi au capturat Palatul Imperial și au dat lovitura finală Senatului,toate drumurile duceau spre o singură direcție: Roma trebuia să se încline în fața unei noi ordini.Legiunea a- XIII-a,cunoscută pentru disciplina și loialitatea sa față de Imperiul Roman,a fost ultima barieră între Varus și obiectivul său suprem:preluarea totală a Romei.Dar,din păcate pentru romani,legiunea nu a fost pregătită pentru o asemenea provocare.Legiunea a-XIII-a,aflată sub comanda unui veteran înțelept dar obosit,a încercat să apere Roma cu toată dârzenia,dar nu a putut înfrunta coaliția neîmpăcată de gladiatori și luptători din Bretania.Pacea prin forță,singura armă a Romei până atunci,a eșuat atunci când forțele lor și-au găsit sfârșitul sub loviturile imprevizibile ale celor care și-au dorit mereu să fie liberi.Bătălia finală a avut loc în inima orașului,pe străzile largi care altădată fuseseră martore ale triumfurilor romane.Lumea era deja plină de fumul incendiilor provocate de revoltă.Războinicii și gladiatorii,cu pielea plină de cicatrici și ochii arzând de ură,au atacat fără milă.Legiunea a-XIII-a,incapabilă să se apere pe terenul cufundat în haos,a pierdut rapid terenul,iar cei care au supraviețuit au fost luați prizonieri sau au fugit din fața asaltului.Varus,în mijlocul acestei lupte tumultoase,

a condus bătălia cu o dârzenie nemaiîntâlnită,o fervoare care a ridicat moralul armatei sale.Gladiatorii,cei care au fost umiliți și constrânși să lupte pentru divertismentul unui Imperiu,acum erau cei care au scris istoria unei noi ere.Strigătele lor au răsunat puternic,semn al victoriei și al eliberării,în timp ce rămășițele legiunii romane erau zdrobite complet.După înfrângerea legiunii și a forțelor romane,Varus a intrat în Roma triumfător,la cârma unei armate care până mai ieri fusese doar o forță de gladiatori.Și în acea zi,când porțile Romei s-au deschis,Varus și armata sa de gladiatori au pășit în oraș ca niște invadatori ai propriei lor vieți.În fața mulțimii,care nu știa dacă să aplaude sau să plângă pentru un Imperiu în agonie,Varus a urcat pe un podium impunător,sub privirile tuturor.Străzile care odinioară fuseseră martore ale triumfurilor romane erau acum martore ale unei noi ordini.
-Roma nu mai este,a declarat Varus cu o voce puternică,care a rezonat în tot orașul.Aceasta este o eră nouă,o eră a libertății și a drepturilor celor care au fost subjugați.Gladiatorii,foste victime ale unui sistem opresiv,s-au ridicat ca eroi în fața unei Rome care nu mai avea

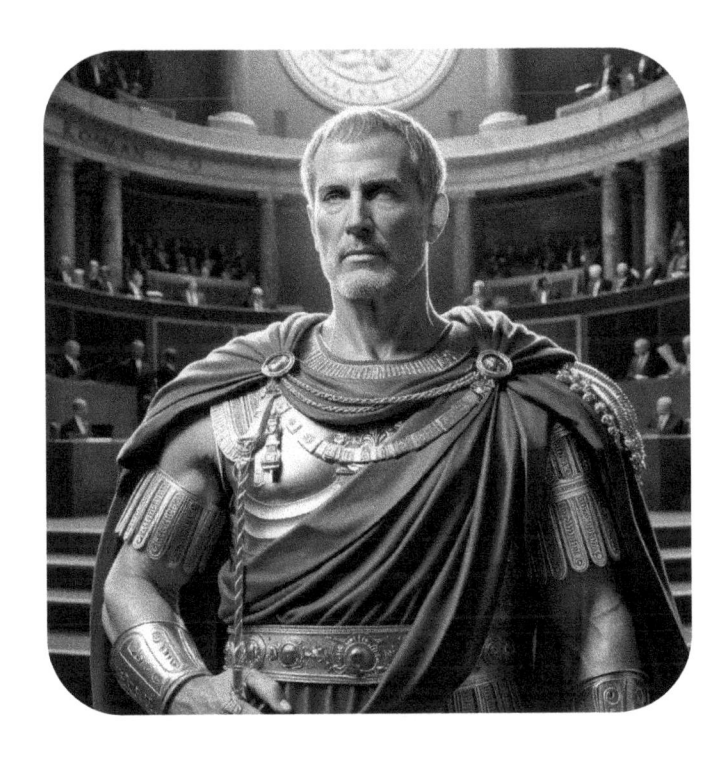

puterea de a se opune.Varus,acum Împărat al Romei,era un simbol al schimbării.Gladiatorii,care fuseseră odată forța de muncă a Imperiului,deveneau acum forța care avea să rescrie întreaga lume romană.În palatul imperial,în mijlocul Romei,Varus a fost proclamat Împărat de către soldații și susținătorii săi.Ceremonia a fost simplă,dar plină de semnificație.Fostul gladiator care fusese tratat ca o marfă,acum stătea în fruntea Romei.Împăratul Varus privea către orașul care fusese cândva simbolul puterii și al bogăției,dar care acum se afla sub controlul celor care nu au cerut decât dreptul de a trăi în libertate.

-Aceasta nu este doar victoria mea,spunea Varus,privind către cei șase gladiatori care l-au însoțit în acest drum,ci victoria tuturor celor care au fost opresați și care au luptat pentru drepturile lor.De astăzi înainte,Roma nu va mai fi un simbol al sclaviei și al supunerii.Este ora unui nou început,un început pe care-l vom construi împreună.Astfel,Roma,orașul care a fost cândva simbolul puterii și al invincibilității,a căzut în fața dorinței de libertate a celor care au suferit sub jugul său.Dar în locul său a apărut un nou început,

o eră în care gladiatorii, oameni obidiți și condamnați la moarte, s-au ridicat pentru a deveni stăpânii propriei lor destine. Varus, acum Împărat, își privea regatul cu un sentiment de mândrie, dar și de responsabilitate. Știa că drumul înainte nu va fi ușor și că, într-o lume cu vechi structuri și vechi conflicte, pacea nu va veni imediat. Dar era hotărât să conducă Roma într-o nouă eră, una în care puterea nu ar mai fi fost concentrată în mâinile unei elite, ci împărțită între toți cei care aveau dreptul să trăiască liberi. După cucerirea Romei, Varus a înțeles că pentru a-și consolida puterea și a menține ordinea în noul său regat, trebuia să facă față nu doar provocărilor externe, ci și problemelor interne. Primul pas a fost să pună în aplicare un plan radical: eliberarea tuturor sclavilor din Roma și din imperiu, pentru ca aceștia să devină cetățeni liberi. Fostele lor stăpâniri au fost deposedate de bunurile lor, iar sclavii care își dovediseră loialitatea în timpul revoltei au fost răsplătiți cu pământ și resurse. De asemenea, Varus știa că, pentru a proteja acest nou sistem, avea nevoie de o armată puternică, care să fie loială doar noului Împărat și nu

fostelor structuri de putere.Astfel,a început formarea unei armate din rândurile fostelor victime ale sistemului roman:sclavi,foști gladiatori și luptători din triburile care se alăturaseră în revoltă.Aceste unități au fost bine antrenate și dotate cu echipamente noi,iar Syrus,un gladiator care s-a dovedit a fi un lider înnăscut,a fost numit șeful armatei. Armata lui Varus era acum o forță de temut,formată din soldați care cunoșteau realitatea războiului și care luptau nu pentru gloria unui imperiu corupt,ci pentru o cauză comună: dreptate și libertate.Syrus a organizat această armată astfel încât să fie capabilă să facă față oricărei amenințări,dar și să mențină stabilitatea internă a noului regat.Fiecare soldat știa că lupta lor nu era doar pentru supraviețuire,ci pentru un viitor mai bun.Varus,însă,nu se mulțumea doar cu victoria militară. A înțeles că,pentru a asigura o stabilitate pe termen lung,trebuia să creeze un sistem economic funcțional,care să asigure prosperitatea întregii populații.Astfel,împreună cu Leontius și Claudia,cei doi gladiatori care fuseseră numiți conducători ai orașului Roma,au stabilit o serie de legi menite să ajute la reconstrucția și dezvoltarea orașului și a regatului.Una dintre primele legi instituite a fost un program de redistribuire a pământului.Foștilor sclavi le-au fost oferite parcele de teren pentru a cultiva,iar pământurile confiscate de la foștii aristocrați au fost împărțite între ei.Fiecare om liber,fie că era fost sclav sau alt cetățean al noii Rome,a primit teren și animale pentru a lucra pământul,iar grânele și produsele agricole au fost folosite pentru a hrăni armata și populația.Leontius,cunoscut pentru abilitățile sale strategice,a organizat acest proces cu eficiență și atenție,asigurându-se că toți cetățenii aveau acces la resursele necesare pentru a începe o viață nouă.Claudia,care se dovedea a fi o lideră înțeleaptă și curajoasă,a avut un rol esențial în educarea și instruirea noii generații de cetățeni.Ea a pus bazele unui sistem educațional care includea nu doar învățătura tradițională,ci și meserii utile pentru dezvoltarea economiei și a infrastructurii orașului.Foștii sclavi au avut ocazia să învețe meserii și să devină meșteșugari,agricultori sau comercianți,creându-se astfel o clasă mijlocie puternică și o economie sustenabilă.Valeria,regina Romei,devenise un simbol al speranței și al justiției.Chiar dacă nu purta titlul de Împărăteasă,puterea ei în statul roman era incontestabilă.Într-o eră în care femeile fuseseră mult timp subjugate,ea a reușit să devină un lider în adevăratul sens al cuvântului.Valeria a fost un pilon al guvernării,asigurându-se că legile și reformele făcute de Varus și de conducători ca Leontius și Claudia se aplicau corect și echitabil.Ea a fost un model de curaj și înțelepciune,fiind respectată nu doar de gladiatori,ci și de noii cetățeni ai Romei.Roma,sub conducerea lui Varus și a noii sale armate,a început să se transforme dintr-un oraș al opresiunii și al disensiunilor într-un centru al puterii,al prosperității și al echității.Deși drumul era lung și plin de provocări,Varus și cei din jurul său știau că au reușit să creeze o bază solidă pentru viitor.

Armata sa puternică,condusă de Syrus,era pregătită să apere noile teritorii și să păstreze pacea în imperiu,în timp ce reformele economice și sociale erau implementate pentru a aduce prosperitate tuturor.Varus,împreună cu Valeria,Syrus,Leontius și Claudia,erau conștienți că schimbările prin care trecea Roma erau doar începutul unei noi ere.În loc de a trăi sub tirania unei clase de senatori corupți,Roma ar fi devenit un loc unde drepturile fiecărui cetățean erau respectate.Și,la fiecare pas,gladiatorii care fuseseră odată condamnați la moarte pentru a mulțumi un Imperiu corupt,acum deveneau stăpânii unui imperiu de dreptate.Aurelia Claudia,Livia Pompeia și Cornelia Octavia,femeile care jucaseră un rol esențial în răsturnarea ordinii vechi din Imperiul Roman,au decis să îl viziteze pe noul împărat,Varus.Rolul lor fusese vital în crearea haosului care permisese gladiatorilor să câștige lupta,iar acum veniseră nu doar pentru a-l felicita pe Varus,ci și pentru a primi recunoașterea oficială pentru contribuția lor.În sala tronului,decorată acum cu simboluri ale noii conduceri,Varus îi aștepta alături de Valeria,regina Romei,și cei doi consilieri de încredere,Julia și Cassius.Când Aurelia,Livia și Cornelia au intrat,atmosfera a fost plină de emoție.Valeria,care își amintea toate riscurile asumate de aceste femei,s-a ridicat prima,urmată de Varus,pentru a le întâmpina.
-Aurelia,spuse Valeria cu un zâmbet cald,îmbrățișând-o.
-Fără curajul tău și planurile tale,acest moment ar fi fost imposibil.
-Și fără sacrificiile voastre,replică Aurelia,cu ochii strălucind de recunoștință.
-Am avut încredere că veți reuși,dar să vă vedem aici,conducând un nou imperiu,este o binecuvântare.Varus a intervenit,vocea lui gravă dar prietenoasă răsunând în sală:
-Fără voi,Roma nu ar fi fost eliberată.Ați riscat totul pentru această cauză. Imperiul meu nu uită datoriile.

Averile voastre rămân intacte,și mai mult decât atât,v-am desemnat pază personală pentru a vă proteja de orice pericol.Secretele voastre sunt în siguranță,iar dacă vreodată sunteți amenințate,să știți că aveți aliați puternici în mine și în regina Valeria.
Livia Pompeia,întotdeauna elegantă și cu o minte ascuțită,s-a apropiat de Cassius și Julia.
-Voi doi,spuse ea,sunteți eroi ascunși ai acestei povești.Cassius,loialitatea ta față de Aurelia a fost o inspirație.Julia,curajul tău în timpul evadării gladiatorilor a fost legendar.Cassius și Julia au înclinat respectuos capetele,recunoscători pentru recunoașterea lor.Julia a zâmbit:
-A fost o onoare să luptăm pentru ceea ce este drept.Dar,ca și voi,am făcut ceea ce trebuia.Gladiatorii prezenți,Syrus,Leontius,Claudia și Valeria,s-au alăturat conversației.Leontius, cunoscut pentru umorul său ascuțit,a râs:
-Și eu credeam că gladiatorii sunt cei care riscă viețile,dar acum înțeleg că în spatele nostru erau femei mai curajoase decât noi.

Cornelia Octavia,care fusese cea mai rezervată,a zâmbit pentru prima dată în acea zi.

-A fost o decizie grea,dar a meritat.Roma avea nevoie de o schimbare,iar voi ați fost scânteia care a aprins această revoluție.Varus a cerut să fie adus vin pentru a sărbători momentul. Ridicând o cupă,a declarat:

-Începem o nouă eră în Roma.O eră în care curajul,dreptatea și loialitatea sunt recunoscute.Aurelia,Livia,Cornelia,voi sunteți aliatele noastre.Dacă vreodată vă simțiți amenințate, legiunile Romei sunt la porțile voastre.Paza pe care v-am trimis-o nu este doar o protecție,ci și un semn al recunoștinței noastre.Femeile au fost vizibil mișcate de cuvintele împăratului. Aurelia a vorbit în numele tuturor:

-Vom rămâne loiale noii Rome,împărate.Și,la nevoie,vom fi din nou alături de voi,pentru a proteja ceea ce am construit împreună.Seara s-a încheiat cu un ospăț restrâns în onoarea lor. În timp ce Aurelia,Livia și Cornelia plecau sub escortă,ele știau că riscurile nu s-au încheiat.Dar pentru prima dată,Roma părea un loc unde speranța putea înflori, iar ele aveau un rol în această renaștere.După întâlnirea cu Aurelia,Livia și Cornelia,Varus a chemat consiliul său apropiat pentru a discuta următorii pași în consolidarea noii conduceri a Romei.Atmosfera era încărcată de hotărâre,dar și de un sentiment de urgență.Orașul se afla într-un echilibru fragil,iar vechii susținători ai fostului regim ar fi putut oricând să încerce o revoltă.În sala de consiliu,Valeria, Syrus,Leontius,Claudia,Julia și Cassius s-au adunat în jurul mesei centrale,alături de Varus.Pe masă erau întinse hărți ale orașului și ale provinciilor romane.

-Roma este a noastră acum,dar trebuie să fim vigilenți, a început Valeria. „Legiunile din provinciile îndepărtate ar putea să nu accepte această schimbare fără luptă.

-Am trimis emisari către comandanții legiunilor,spuse Syrus. Avem vești că Legiunea a V-a din Macedonia este dispusă să jure credință noului imperiu.Este un început.Leontius,cunoscut pentru abordarea sa directă,a intervenit:

-Dar ce facem cu senatorii care încă se ascund și complotează?

Nu putem permite ca vreo revoltă să înceapă în interiorul Romei.Trebuie să acționăm rapid.
Varus,calm dar ferm,a răspuns:
-Aurelia,Livia și Cornelia sunt cheia noastră.Ele ne pot furniza informații despre orice mișcare din partea acestor conspiratori.Între timp,vom întări garnizoana din Roma și vom consolida sprijinul populației eliberate.Vreau ca oamenii să simtă că acest nou imperiu este al lor,nu doar al nostru.După consiliu,Julia și Cassius au fost chemați în audiență privată de către Valeria și Varus.
-Cassius,Julia,aveți o misiune delicată, a spus Varus.
-Trebuie să vă infiltrați printre senatorii rămași.Aflați care sunt intențiile lor și cine îi sprijină din umbră.Dacă găsiți dovezi că plănuiesc o revoltă, informați-ne imediat.Julia a înclinat capul în semn de respect.
-Vom face ce este necesar,împărate.Cassius a adăugat:
-Încrederea voastră nu va fi trădată. Vom face tot ce trebuie pentru a proteja această eră nouă.În paralel,Claudia și Leontius au început să lucreze la reformele sociale.

Au convocat reprezentanți ai fostelor comunități de sclavi,fermieri și meșteșugari pentru a discuta distribuirea pământurilor și organizarea unei economii sustenabile.Într-un discurs adresat mulțimii adunate în Forum,Claudia a declarat:
-Fiecare om liber al Romei va avea o șansă la un viitor mai bun.Vom asigura terenuri,unelte și animale pentru toți cei care sunt dispuși să muncească.Aceasta nu este doar o promisiune,ci o datorie pe care ne-o asumăm față de voi.Aplauzele au umplut Forumul,iar sprijinul oamenilor față de noua conducere a devenit și mai puternic.Syrus a început să antreneze o armată de rezervă,formată din foști sclavi și legionari care jurau credință noului regim.În doar câteva săptămâni,garnizoana Romei devenise una dintre cele mai bine pregătite din istoria orașului.Varus și Valeria continuau să consolideze alianțele și să își coordoneze eforturile.Împreună,au jurat că noul imperiu va fi construit pe dreptate și egalitate, dar știau că pericolele nu dispăruseră.În umbră,conspiratorii vechiului regim își făceau planuri.Noaptea,Varus și Valeria se plimbau în grădinile palatului.Roma părea mai liniștită ca niciodată,dar cei doi știau că liniștea era doar temporară.
-Am câștigat prima bătălie,dar războiul pentru inimile și mințile oamenilor abia începe,a spus Valeria,privind cerul plin de stele.
- Împreună vom reuși,i-a răspuns Varus,strângând-o de mână.
-Romei i-a fost frică de schimbare,dar acum vede că viitorul poate fi mai bun.În depărtare,lumina torțelor strălucea peste zidurile orașului,în timp ce Roma se pregătea pentru o eră nouă.

Capitolul 14.Imperiul Roman sub conducerea Gladiatorului Varus

După ce Cassius și Julia și-au început misiunea în secret,lucrurile în Roma au început să se agite.Fostele elite senatoriale,aliate vechii conduceri,se adunau în locații discrete pentru a discuta strategii împotriva noului regim.Între timp,poporul obișnuit își vedea viețile îmbunătățite,dar era conștient că pericolul nu dispăruse complet.Cassius,cunoscut pentru istețimea și subtilitatea sa,a reușit să se infiltreze într-o adunare a senatorilor rămași.Într-o sală obscură dintr-o vilă din afara Romei,senatorii complotau împotriva lui Varus.Unul dintre liderii conspirației era Marcus Sempronius,un senator puternic,cu relații întinse în armata romană.

-Nu putem lăsa această rebeliune să ne distrugă tradițiile și ordinea Romei,a spus Sempronius.

-Trebuie să formăm o alianță cu guvernatorii provinciilor care încă ne sunt loiali.Cassius a ascultat cu atenție și a notat în minte numele menționate.Printre cei enumerați era și Lucius Flavius,guvernatorul Africii romane,care controla o legiune puternică.Julia,la rândul său,lucra din umbră.Folosindu-se de farmecul său,a reușit să obțină informații valoroase de la sclavii senatorilor complotiști.Aceștia i-au dezvăluit locațiile în care erau depozitate arme și provizii pentru o posibilă revoltă.Între timp,la palat,Varus,Valeria,Syrus și ceilalți lideri discutau despre cum să răspundă amenințărilor iminente.Leontius a propus o mișcare preventivă:

-Dacă atacăm înainte ca ei să fie pregătiți,le vom distruge șansele de succes.O lovitură rapidă și precisă îi va demoraliza.

-Este riscant,a răspuns Valeria.

-Trebuie să fim siguri că avem sprijinul oamenilor.Dacă pare că ne temem,ne putem pierde încrederea lor.Varus a încuviințat.

-Vom aștepta rapoartele complete de la Cassius și Julia.

Între timp,Syrus,vreau să pregătești armata pentru orice eventualitate.Syrus a plecat imediat pentru a supraveghea antrenamentele soldaților.Garnizoana Romei creștea în forță și număr,iar loialitatea trupelor față de Varus era incontestabilă.După câteva zile,Cassius a trimis un mesaj urgent către palat.În el,dezvăluia că senatorii plănuiau un atac surpriză asupra Forumului Roman,folosindu-se de mercenari angajați din provinciile estice.
-Trebuie să-i prindem înainte să lovească,a spus Varus,citind mesajul.
-Nu putem lăsa o asemenea trădare să treacă nepedepsită.Julia,care ajunsese deja la palat,a adăugat:
-Sempronius și aliații săi sunt periculoși,dar și aroganți.Se bazează pe faptul că noi nu știm planurile lor.Dacă îi surprindem acum,îi vom învinge definitiv.În noaptea următoare,o unitate de elită condusă de Syrus și Leontius a descins asupra vilei lui Sempronius.Gladiatorii deveniți soldați au demonstrat o disciplină impresionantă.Într-o operațiune rapidă,conspiratorii au fost capturați fără vărsare de sânge.Sempronius,adus în fața lui Varus,a fost confruntat cu dovezile trădării sale.
-Ai distrus Roma cu această revoltă,a strigat Sempronius.
-Crezi că vei rămâne la putere? Istoria nu îi iartă pe cei care uită tradițiile!
-Istoria îi iartă pe cei care aduc schimbarea,a răspuns Varus calm.
-Iar Roma nu va mai fi niciodată a câtorva,ci a tuturor.Sempronius și complicii săi au fost condamnați,iar mesajul trimis restului senatorilor a fost clar:trădarea nu va fi tolerată.După această victorie,Roma a intrat într-o perioadă de relativă liniște.Reformele continuau să aducă prosperitate,iar foștii sclavi vedeau pentru prima dată un viitor cu adevărat liber.
În grădinile palatului,Varus și Valeria discutau despre viitor.

-Am învins din nou,dar știu că nu ne putem relaxa,a spus Valeria.
-Încă sunt mulți care ne-ar dori răul.
-Vom lupta în continuare,împreună,a răspuns Varus.
-Pentru că Roma este acum a poporului,nu a aristocraților.Sub cerul înstelat,cei doi conducători ai noii Rome știau că greutățile nu se terminaseră,dar erau încrezători că visul lor pentru o lume mai dreaptă era mai aproape ca niciodată.În tabăra fortificată din Galia Legiunea a X-a,sub comanda legatului Marcus Fabius Valens,primea vești tulburătoare.Mesagerul trimis de senatorul Sempronius a ajuns în fugă, transpirat și epuizat,aducând un mesaj urgent:
-Roma este sub controlul gladiatorilor.Varus,fost gladiator,s-a autoproclamat împărat,iar reformele sale subminează ordinea tradițională a Imperiului.Avem nevoie de sprijinul vostru imediat!
Marcus Fabius Valens,cunoscut pentru calmul său în situații de criză,a ascultat cu atenție detaliile.Știa că Roma căzuse într-un haos periculos,dar decizia de a interveni nu putea fi luată în grabă.Întrunind consiliul de război al legiunii,Valens a discutat următoarele mișcări.
-Dacă Roma este sub controlul gladiatorilor,atunci nu avem de-a face doar cu o revoltă locală,ci cu o lovitură de stat,a spus Valens.
-Trebuie să înțelegem situația înainte de a acționa.O acțiune pripită ar putea distruge tot ce am construit.În aceeași zi,Valens a hotărât să trimită o misiune secretă la Roma pentru a culege informații.Helena,sclava sa favorită,cunoscută pentru inteligența și farmecul ei,a fost aleasă pentru această misiune.Alături de ea,Drusus,unul dintre cei mai loiali și abili legionari,a fost desemnat să o însoțească și să o protejeze.Helena,o femeie cu o frumusețe răpitoare și o minte ascuțită,era perfectă pentru această sarcină.Crescută în umbra nobililor,știa cum să se comporte în cercurile înalte și cum să culeagă informații fără să ridice suspiciuni.

Deși sclavă,avea o loialitate profundă față de Valens,care îi oferise protecție și o trata cu respect.Drusus,pe de altă parte,era un soldat experimentat,cu un instinct de supraviețuire impecabil.Avea o figură robustă și autoritară,ceea ce îl făcea să treacă neobservat printre alți soldați sau cetățeni.El știa că această misiune nu era lipsită de pericole și era pregătit să o apere pe Helena cu prețul vieții.Cei doi au primit instrucțiuni clare:

-Veți intra în Roma ca cetățeni obișnuiți.Helena,vei încerca să te infiltrezi în cercurile apropiate lui Varus și Valeria.Drusus,vei sta în umbră,gata să intervii dacă e nevoie.Aveți grijă, pericolul pândește la fiecare pas.Pe parcursul călătoriei,Helena și Drusus au traversat sate devastate de instabilitate politică și refugiați care fugeau de conflicte.Aceștia vorbeau despre schimbările dramatice din Roma,despre eliberarea sclavilor și despre noul regim al gladiatorilor.Helena era intrigată.

-Dacă Varus chiar a eliberat sclavii și a schimbat legile, s-ar putea să aibă sprijinul poporului. Va fi greu să aflăm ce este real și ce este propagandă.Drusus a clătinat din cap.

-Oricare ar fi situația,misiunea noastră este să aflăm adevărul și să ne întoarcem la Valens.Nu trebuie să ne lăsăm influențați.Cei doi au intrat în orașul care pulsa de viață,dar era evident că atmosfera era tensionată.Cetățenii vorbeau cu precauție,iar soldații lui Varus patrulau pe străzi.Colosseumul,parțial distrus de incendiu,era un simbol al schimbării care avea loc.Helena și Drusus s-au stabilit într-o mică locuință de la periferia orașului,folosindu-se de o acoperire bine pregătită.Helena a început să caute căi de acces către cercurile influente, în timp ce Drusus se ocupa de securitatea lor.Într-o seară,Helena a reușit să participe la o adunare organizată de Valeria pentru noii cetățeni liberi.Acolo,a observat cum poporul era fermecat de cuvintele reginei și de promisiunile unui viitor mai bun.Deși venea cu prejudecăți,Helena nu a putut să nu fie impresionată.
-Este periculoasă,i-a spus ea lui Drusus mai târziu.
-Oamenii cred în ea și în Varus.Va fi greu să găsim fisuri în conducerea lor.Drusus a răspuns calm:
-Atunci trebuie să fim și mai vigilenți.

Dacă sunt atât de puternici,atunci misiunea noastră devine și mai importantă.În timp ce Helena își croia drum în cercurile influente din Roma, Drusus culegea informații din cartierele de jos,încercând să înțeleagă starea generală a armatei și a poporului.Împreună,cei doi formau o echipă letală și inteligentă,gata să joace un rol decisiv în soarta Romei.Helena și Drusus,bine integrați în peisajul tensionat al Romei,simțeau cum pericolul creștea pe zi ce trece.Informațiile colectate sugerau că Varus și Valeria consolidaseră o conducere puternică,cu sprijin popular semnificativ.Gladiatorii eliberați,acum antrenați ca soldați,formau o gardă loială,iar reformele împăratului atrăgeau atât admirația maselor,cât și ura senatorilor rămași în umbră.Într-o seară,Helena a fost invitată la o sărbătoare restrânsă,găzduită de Valeria.Purtând o mască a modestiei,Helena s-a apropiat de cercurile interne,ascultând conversațiile și înțelegând mai multe despre planurile regimului.Varus intenționa să extindă eliberarea sclavilor și să reformeze armata,iar Valeria își folosea influența pentru a asigura loialitatea femeilor gladiatorilor eliberați,care formau o rețea discretă de suport.Drusus,în schimb,patrula străzile noaptea,culegând șoapte din tavernele și piețele ascunse.Într-o seară,a aflat de la un fost legionar care dezertase că rămășițele Legiunii a XIII-a,înfrânte în timpul revoltei gladiatorilor,complotau împotriva lui Varus.Planurile lor erau coordonate de o mână secretă,probabil susținută de un senator exilat.

-Helena,a spus Drusus într-o noapte,situația este mai complicată decât ne imaginam.Pe lângă Legiunea a XIII-a,există grupuri de mercenari în afara Romei care se organizează.Dacă nu acționăm repede,acest oraș ar putea deveni un câmp de luptă mai mare decât ne-am așteptat.Helena a reflectat.

-Trebuie să mă apropii de Valeria mai mult.Dacă aflăm detalii despre planurile lor viitoare,putem să-l informăm pe Valens.Dar trebuie să ne mișcăm cu grijă.Într-o dimineață,Helena a fost surprinsă să o întâlnească pe Julia,sclava fidelă a Aureliei Claudia.Julia, aflată într-o piață pentru a cumpăra provizii,a recunoscut-o pe Helena și a abordat-o discret.Cele două femei au schimbat câteva cuvinte rapide.

-Ce cauți aici? a întrebat Julia,cu o expresie precaută.
-Am fost trimisă de Valens,a răspuns Helena.
-Trebuie să aflăm adevărul despre ce se întâmplă în Roma.Julia a rămas tăcută câteva clipe,apoi a murmurat:
-Nu poți înțelege tot ce se întâmplă aici.Varus nu este doar un gladiator devenit împărat.Are o viziune pe care oamenii o susțin.Însă dacă spionezi pentru Valens,trebuie să fii atentă. Sunt ochi peste tot.Cele două au stabilit o întâlnire secretă pentru a discuta mai multe.Julia,loială Aureliei,era acum prinsă între dorința de a proteja noile reforme și teama de represalii dacă trădarea ei ar fi descoperită.În palatul imperial,Varus se consulta cu Valeria,Syrus și ceilalți consilieri.Planurile lor mergeau dincolo de Roma.Armata formată din gladiatori și foști sclavi era acum bine antrenată și pregătită să extindă influența noului regim.
-Trebuie să ne asigurăm că Bretania rămâne de partea noastră,a spus Varus.
-Legiunile loiale din afara Romei ar putea fi o problemă.Dacă trimitem emisari să negocieze,putem preveni o altă luptă.Valeria a aprobat.
-Însă să nu uităm,orice slăbiciune ar putea fi fatală.Trebuie să păstrăm ordinea în oraș și să consolidăm alianțele interne.Între timp,Helena și Drusus își continuau misiunea.Helena a reușit să obțină o invitație directă la o întâlnire cu Valeria,unde a început să înțeleagă mai bine intențiile reginei.În același timp,Drusus,cu ajutorul contactelor sale,a aflat de un complot major care se pregătea în secret.Roma era o pulbere gata să explodeze,iar Helena și Drusus aveau tot mai puțin timp să decidă ce informații să transmită lui Valens.Totul era pe muchie de cuțit,iar viitorul Imperiului Roman atârna de un fir de ață.Helena și Drusus au transmis un mesaj criptic către Marcus Fabius Valens,folosind un mesager de încredere.

Acesta informa despre tensiunile din Roma,despre posibila mobilizare a foștilor gladiatori și despre alianțele închegate de Varus pentru a-și apăra tronul.Mesajul a ajuns la Valens în timp ce Legiunea a X-a Gemina era cantonată la câteva zile de marș de Roma.Între timp,Helena a continuat să se infiltreze în cercurile apropiate Valeriei,iar Drusus a descoperit o rețea clandestină formată din foști senatori loiali vechiului regim,care încercau să mobilizeze o rezistență împotriva lui Varus.Liderul acestei rețele era un fost general roman,Publius Cornelius Scipio,care aduna fonduri și oameni pentru a recâștiga controlul Romei.În palatul imperial,Varus și consilierii săi discutau planurile de apărare.Valeria,mereu pragmatică,a susținut ideea consolidării alianțelor cu provinciile importante,în special cu cele din Africa și Orient.

-Nu putem câștiga doar cu forța armată,a spus Valeria.

-Trebuie să oferim o viziune.Sclavii eliberați vor lupta pentru noi,dar avem nevoie de sprijinul provinciilor bogate.Syrus, numit șef al armatei,a fost de acord.

-Armata noastră e puternică,dar dacă Valens aduce Legiunea a X-a, vom avea nevoie de fiecare bărbat și femeie capabili să lupte.

-Nu vom ceda,a declarat Varus.

-Roma este acum a noastră.Dacă Valens sau Scipio își ridică sabia împotriva noastră,vor cunoaște forța noii ordini.Helena s-a întâlnit din nou cu Julia într-un cartier izolat din Roma. Julia,deși loială Aureliei Claudia,era tot mai îngrijorată de instabilitatea orașului.

-Nu sunt sigură că această revoluție poate rezista,a spus Julia.

-Varus este puternic,dar mulți dintre foștii senatori plănuiesc să-l răstoarne.Dacă Valens ajunge aici cu Legiunea a X-a,s-ar putea să pierdem tot.

-Și ce vrei să fac? a întrebat Helena.

-Eu sunt aici să aflu informații,dar trebuie să decid dacă să sprijin

această cauză sau să o distrug.Julia a oftat.
-Dacă Varus cade,sclavii vor fi din nou în lanțuri.Gândește-te bine,Helena.Alegerea ta va schimba soarta a mii de oameni.Legiunea a X-a Gemina,acum comandată de un adjunct loial lui Valens,era pe drum spre Roma.În paralel,spionii lui Varus raportau despre mobilizarea unor mercenari în afara orașului,semn că o confruntare majoră era iminentă.În Roma, atmosfera era tensionată.Gladiatorii eliberați patrulau străzile,iar spionii și informatorii încercau să dezvăluie planurile inamicilor.Helena și Drusus erau prinși între loialitatea față de Valens și înțelegerea că Varus reprezenta o nouă eră pentru Roma.Un mesager din partea lui Valens a ajuns în oraș cu un ultimatum pentru Varus.Împăratul trebuia să abdice,să predea controlul Romei și să se retragă într-o provincie îndepărtată.Dacă refuza,Legiunea a X-a va mărșălui asupra orașului.Varus a citit scrisoarea în consiliul său și a aruncat-o pe masă.
-Dacă Valens vrea Roma,să vină să o ia! a declarat el,cu furie.Valeria a zâmbit cu răceală.
-Se va aștepta la o luptă deschisă.

Dar noi vom folosi fiecare stratagemă pentru a-l învinge.Helena și Drusus au fost chemați la o întâlnire secretă cu Publius Cornelius Scipio,care le-a cerut sprijin pentru un atac coordonat împotriva gladiatorilor loiali lui Varus.Însă Helena,care începuse să vadă justiția în reformele lui Varus,era nehotărâtă.Decizia ei urma să fie crucială pentru soarta Romei.Tensiunea creștea.Orașul era un butoi de pulbere,iar soarta sa era la un pas de a fi decisă de o luptă titanică între vechiul și noul regim.Helena,după zile de frământări interioare și observații atente asupra situației,a luat o decizie care avea să schimbe soarta Imperiului Roman:să treacă de partea Reginei Valeria și a Împăratului Varus.Văzuse în reformele lor o speranță pentru cei oprimați,dar mai ales pentru cei precum ea,sclavi care acum aveau șansa unei vieți libere și demne.Cu informațiile acumulate despre mișcările Legiunii a X-a și strategia generalului Marcus Fabius Valens,Helena a conceput un plan îndrăzneț și l-a prezentat direct Valeriei și lui Syrus,comandantul armatei imperiale.În consiliul imperial,Helena a trasat capcana.
-Legiunea a X-a se bazează pe marșuri rapide și aprovizionare constantă.

Dacă le blocăm rezervele și îi atragem pe terenul nostru,îi putem înfrânge fără o luptă deschisă.Dar avem nevoie de o diversiune.Syrus a aprobat imediat planul:
-Cunoaștem terenurile din jurul Romei mai bine decât ei.Putem folosi pădurile și dealurile pentru a le rupe formațiile.Dacă le lipsim rezervele,vor fi forțați să lupte dezorganizat.
Valeria a completat:Și vom folosi strategia lor împotriva lor.Helena,vei conduce trupele care îi vor atrage în capcană.Legiunea a X-a înainta cu încredere spre Roma,fără să știe că Helena și o trupă selectă de gladiatori eliberați și mercenari îi pândeau din păduri.Helena,cu inteligența și tactul său,a reușit să dezinformeze complet conducerea legiunii.A trimis mesaje false prin intermediul informatorilor rămași loiali Varus,sugerând că Roma era vulnerabilă și că o cale mai scurtă de acces era printr-o vale aparent sigură.Valens,nerăbdător să încheie marșul și să cucerească Roma,a căzut în capcană.Când Legiunea a intrat în vale,trupele lui Syrus și gladiatorii eliberați i-au atacat de pe înălțimi,folosind tactici de hărțuire și sabotaj.

Lupta a fost scurtă,dar devastatoare pentru Legiunea a X-a.Tăietorii de drumuri și praetorianii lui Varus au distrus coloanele de aprovizionare,iar Helena a condus un atac decisiv împotriva ariergardei legiunii.Valens a încercat să mențină disciplina,dar trupele sale erau copleșite de atacurile neașteptate.În cele din urmă,după o rezistență eroică,Valens și supraviețuitorii săi au fost forțați să se predea.Helena,călare pe un cal alb,s-a apropiat de generalul roman și i-a spus cu calm:

-Ați subestimat puterea noii Rome.Vechiul Imperiu a murit.Bine ați venit în era libertății.După victoria zdrobitoare asupra Legiunii a X-a,Varus și Valeria au organizat o paradă triumfală în Roma.Helena a fost întâmpinată ca o eroină,iar contribuția sa la această victorie a fost celebrată în tot orașul.În timpul ceremoniei,Valeria s-a adresat mulțimii:

-Azi nu doar că am înfrânt o armată,ci am dovedit că un popor unit este de neoprit.De acum,Roma nu va mai fi simbolul opresiunii,ci al libertății.Varus a completat:

-Cei care ne-au stat împotrivă au fost înfrânți.Dar ușa împărăției noastre rămâne deschisă celor care vor să construiască împreună o lume nouă.Helena a fost numită comandantă a trupelor de elită și consilieră a împăratului.Drusus,loial alături de ea,a fost pus la comanda garnizoanelor din provinciile centrale.Împreună,au devenit simboluri ale tranziției Romei către o eră de egalitate și reforme.În culisele palatului,Regina Valeria și Împăratul Varus știau că drumul spre consolidarea noii Rome era abia la început.Dar cu loialitatea gladiatorilor, înțelepciunea Valeriei și curajul lui Varus,erau pregătiți să înfrunte orice provocare.După triumful asupra Legiunii a X-a și consolidarea puterii în Roma,Împăratul Varus și Regina Valeria au lucrat împreună pentru a transforma Imperiul Roman într-o societate mai echitabilă.Sclavia a fost abolită oficial,iar reformele lor au schimbat profund structura politică și socială a imperiului.Foștii sclavi au primit pământ,unelte și șansa unei vieți libere,construind comunități prospere care au transformat peisajul rural.Orașul Roma,epicentrul noii ere,a devenit un simbol al libertății și al unității.

Colosseumul,cândva scena cruzimii și a exploatării,a fost transformat într-un forum public,un loc unde cetățenii dezbăteau legi și își exprimau liber opiniile. Statuile gladiatorilor care au contribuit la această renaștere au fost ridicate ca simboluri ale curajului și determinării.Valeria,în calitate de regină, a fost nu doar o conducătoare fermă,dar și o voce a compasiunii.A rămas alături de oameni,vizitând piețele și câmpurile,asigurându-se că reformele lor funcționează.Varus,pe de altă parte,a condus armata reformată a Romei, o forță compusă din voluntari loiali care apărau valorile noului imperiu.Gladiatorii supraviețuitori au primit roluri importante în structura noului imperiu:
Syrus,cu experiența sa militară, a rămas șeful armatei,fiind un strateg respectat și temut.Leontius și Claudia,ca lideri ai orașului Roma,au continuat să implementeze legi care protejau drepturile cetățenilor,supraveghind distribuirea pământurilor și a resurselor. Nisria,numită conducătoarea trupelor auxiliare,a contribuit la asigurarea stabilității în provinciile imperiale.

Helena,fostă spioană și eroină a victoriei împotriva Legiunii a X-a,a ales să trăiască o viață liniștită alături de Drusus.Deși recunoscătoare pentru rolul ei în renașterea Romei,Helena și-a dorit să se retragă,simțind că și-a îndeplinit menirea.De-a lungul anilor,Roma a devenit un imperiu al diversității,un loc unde oamenii de toate originile trăiau și prosperau împreună. Reformele lui Varus și Valeria au influențat alte regiuni,iar liderii tribali din provincii au început să adopte aceleași principii de egalitate și justiție.Ani mai târziu,când Valeria și Varus au decis să se retragă din viața publică,au lăsat în urma lor o lume profund schimbată.Conducerea imperiului a fost preluată de un consiliu ales,asigurându-se că puterea nu va mai fi niciodată concentrată într-o singură persoană.Într-o ceremonie solemnă,statui ale celor șase gladiatori erau dezvelite în piața centrală din Roma,alături de cuvintele care au definit epoca lor: "Curajul și dreptatea vor dăinui întotdeauna".Astfel, povestea lor,începută în praf și sânge,s-a încheiat în lumină și glorie, rămânând un simbol al puterii voinței umane și al luptei pentru libertate.

Epilog:

Roma,odată centrul lumii cunoscute,a renăscut din cenușa unui imperiu construit pe sclavie și război.Sub domnia împăratului Varus și a reginei Valeria,orașul a devenit un simbol al libertății și egalității.Templul tiraniei s-a transformat într-un sanctuar al justiției,iar Colosseumul,altădată scena suferinței,a fost transformat într-un loc de adunare și celebrare a noii ordini sociale.Sub privirea atentă a reginei Valeria,reformele s-au răspândit în întreg imperiul.Sclavii eliberați au primit pământuri și resurse pentru a-și construi un viitor,iar legiunile au fost reorganizate pentru a apăra pacea,nu pentru a răspândi frica.Syrus,numit comandant suprem al armatei,a ghidat noile trupe cu o mână fermă și o inimă loială.Leontius și Claudia, guvernatorii orașului Roma,au supravegheat refacerea metropolei,asigurându-se că toți cetățenii,liberi sau foști sclavi,aveau șanse egale la prosperitate.Pe măsură ce ordinea s-a așezat,umbrele trecutului nu au dispărut complet.Aurelia Claudia,Livia Pompeia și Cornelia Octavia,cele trei femei care au fost decisive în revoluție,au rămas figuri discrete,dar influente.Loialitatea lor față de Varus și Valeria nu a fost uitată,iar ele au continuat să fie consilierele de încredere ale noii conduceri.Julia și Cassius,sclavii care și-au riscat viața pentru libertate,au devenit lideri în comunitățile foștilor sclavi,ajutându-i să se integreze în noua societate.Dar victoria nu a venit fără costuri.Pierderile suferite în lupte și sacrificiile făcute de prietenii și aliații lor au lăsat urme adânci.Fiecare colț al orașului purta semnele bătăliilor,ziduri reconstruite,familii care își plângeau morții și câmpuri care începeau să înflorească din nou.Într-o noapte liniștită, pe dealurile din apropierea Romei,Varus și Valeria au privit lumina torțelor care ardeau în oraș.Era un simbol al speranței și al determinării.
-Am reușit,a spus Varus,strângând mâna Valeriei.
-Dar lupta pentru dreptate nu se termină niciodată.Valeria a zâmbit.
-Nu am luptat pentru glorie,ci pentru o lume mai bună.Atâta timp cât oamenii își amintesc de suferința trecutului,Roma va rămâne puternică.În zori,un nou imperiu s-a trezit,condus de cei care au cunoscut suferința și care au ales să o transforme în putere.Povestea lor a devenit legendă,iar numele lor au fost rostite cu respect și admirație de generații întregi.Așa s-a încheiat era tiraniei și a început o nouă eră,o eră în care chiar și cei mai mici dintre oameni aveau o voce,iar Roma nu mai era doar un oraș, ci un simbol al libertății.

Bibliografia autorului

Bucur Loredan,născut la data de 01-04-1969 în orașul Târgu-Cărbunești,Județul Gorj,absolvent al Facultății de Automatică și Informatică a Universității Constantin Brâncuși din Târgu-Jiu,Județul Gorj.Studii Postuniversitare de Master cu specialitatea:Conducerea Avansată a Proceselor Industriale,din cadrul aceleiași Univesități(U.C.B.).Am emigrat în Spania în anul 2015,în prezent locuiesc în United Kingdom.Toate cărțile electronice și cărțile tipărite sunt scrise în limba română și traduse în cel puțin 2 limbi de circulație internațională.Limba Engleză și Limba Spaniolă.

Legendele Egiptului Antic-Publicată în data de:2 Octombrie 2024(https://draft2digital.com/book/).Din data de 02-10-2024 poate fi cumpărată și de pe Amazon)

Legendele Babilonului Antic-Publicată în data de:5 Octombrie 2024(https://draft2digital.com/book/).Din data de 05-10-2024 poate fi cumpărată și de pe Amazon)

Călătoria lui Shaya-Publicată în data de:9 Octombrie 2024(https://draft2digital.com/book/).Din data de 09-10-2024 poate fi cumpărată și de pe Amazon)

Judecătorul-Publicată în data de:12 Octombrie 2024(https://draft2digital.com/book/).Din data de 12-10-2024 poate fi cumpărată și de pe Amazon)

Destinul Nanobiților Lupta pentru Nemurire-Publicată în data de:16 Octombrie 2024(https://draft2digital.com/book/).Din data de 16-10-2024 poate fi cumpărată și de pe Amazon)

Legendele Egiptului Antic Uriașii Gorduy/Publicată în data de:12 Noiembrie 2024(https://draft2digital.com/book/).Din data de 13-11-2024 poate fi cumpărată și de pe Amazon)

Proiectul Nexxus-Publicată în data de:04 Octombrie 2024(https://draft2digital.com/book/).Din data de 05-11-2024 poate fi cumpărată și de pe Amazon)